딸들에게 보내는 재테크 에세이

행복한 부자로 가는 4가지 습관

행복한 부자로 가는 4가지 습관
딸들에게 보내는 재테크 에세이

초판 1쇄 발행 2022년 4월 29일

지은이 김병연
펴낸이 장길수
펴낸곳 지식과감성#
출판등록 제2012-000081호

교정 양수진
디자인 정윤솔, 정한나
편집 정윤솔, 정슬기
검수 이혜지, 윤혜성
마케팅 고은빛, 정연우

주소 서울시 금천구 벚꽃로298 대륭포스트타워6차 1212호
전화 070-4651-3730~4
팩스 070-4325-7006
이메일 ksbookup@naver.com
홈페이지 www.knsbookup.com

ISBN 979-11-392-0432-2(03320)
값 15,000원

• 이 책의 판권은 지은이에게 있습니다.
• 이 책 내용의 전부 또는 일부를 재사용하려면 반드시 지은이의 서면 동의를 받아야 합니다.
• 잘못된 책은 구입하신 곳에서 바꾸어 드립니다.

지식과감성#
홈페이지 바로가기

딸들에게 보내는 재테크 에세이

행복한 부자로 가는 4가지 습관

김병연 지음

서문
돈을 벌어라

　돈의 시대를 맞아, 돈은 이제 정치, 경제, 사회, 문화를 지배하는 최고의 권력이 되었습니다. 조금 과장하여 말하면 온 국민이 부동산을 통한 불로소득에 열을 올리고 있습니다. 일본의 '무역전쟁' 도발에 "NO! 재팬"을 외치면서도, '일본 부동산펀드'에는 수백억씩 돈이 몰리고, 돈 안 준다고 엄마를 때려 죽게 만든 패륜녀의 기사가 뜨기도 합니다. 돈 앞에서는 애국은 구차하고, 인륜도 비루한 것이 되어 버린 것일까요?

　'전가통신(錢可通神)', '돈은 귀신도 부린다'라는 말이 있습니다. 일단 돈이 많으면, 인성이나 태도에 관계없이 그 사람이 대단해 보이고, 주변에 사람이 모이고, 아첨과 찬사가 이어지고, 존경을 받습니다. 그 사람을 존경하는지, 그가 가진 돈을 존경하는지 모를 일인데, 돈에 따라 달라지는 인심을 보여 주는 사례가 있습니다.

　프랑스의 한 도시에 어느 날 거지 아이가 나타났습니다. 사람들은 그 아이를 '르 갈뢰'라고 불렀습니다. '더러운 사람'이라는 뜻입니다. 그 아이는 푸줏간에 취직을 해서 돈을 모았고, 어느 정도 돈이 모이자 고리대금업을 시작했습니다. 그가 고리대금업을 통해 돈을 더 많이 벌어 재산이 늘어나자 사람들은 그를 '마르탱(Martin) 갈뢰'라고 부르기 시작했습니다. 별명이 성이 된 것입니다. 그러다가 그가 더욱 부자가 되자 사람들은 이제 그를 '미스터(Mr.) 마르탱'이라고 불렀고, 그가 큰 재산가가 되자 '서(Sir) 마르탱'이라고 불렀습니다. 마침내 그는 그 도시에서 제일가는 부자가 되었습니다. 그러자 사람들은 그를 '마르탱 나으리'라고 부르며, 영주에게 하듯이 존경을 바쳤습니다.

사마천은 《사기》에서 돈의 위력과 돈에 따라 달라지는 세태를 꼬집으며, "나보다 돈이 10배 많으면 빈정대고, 나보다 돈이 100배 많으면 부끄러워하고, 나보다 돈이 1,000배 많으면 고용당하고, 나보다 돈이 10,000배 많으면 노예가 된다"라고 말했습니다. 사마천이 살았던 시대나 2,200여 년이 지난 오늘날이나 그의 말은 틀림이 없으니, 시간이 흘러도 돈을 둘러싼 사람들의 행태는 달라진 것이 없는 것 같습니다. 그리고 미래에도, 모두가 돈 앞에 평등한 유토피아 같은 사회가 실현되지 않는 한, 사마천의 말은 계속 유효할 것 같습니다.

돈은 물질적 풍요나 사회적 인정뿐 아니라 정신적 행복에도 영향을 미칩니다. 영국의 이코노미스트지 보도에 따르면, 갤럽에서 2005년부터 2019년까지 145개국 사람들을 설문조사한 결과, 1인당 GDP 상위 10% 국가에 사는 사람들은 대부분이 '음식을 사기 위한 돈이 충분히 있다'고 답을 한 반면, 하위 10% 국가에서는 같은 답을 한 사람들의 비중이 40%밖에 되지 않았습니다. 또, 자신의 생활 수준에 대해 점수를 매겨

보라고 한 결과, 1인당 GDP 상위 10% 국가의 사람들은 10점 만점에 평균 7점을 매긴 반면, 하위 10% 국가 사람들이 매긴 평균 점수는 4점에 불과했습니다. 많은 연구 결과가 소득이 상승할수록 행복감도 높아진다고 말합니다. 물론 일정 소득 이상이 되면 그 행복감도 정체가 되긴 하지만, 돈이 정신적 행복감을 높여 주는 것은 분명한 것 같습니다.

작가 '김훈' 선생은 《라면을 끓이며》라는 산문집에서, 돈은 인의예지의 기초라고 했습니다. 돈벌이는 삶을 지탱하는 물적 토대를 쌓는 일인데, 그것이 무너지면 인간다운 삶이 불가능하다는 이야기입니다. 쉽게 말해, 금강산도 식후경이라고, 돈이 없으면 먹고살기에도 바빠, 예의를 차리고, 남을 돕고 하는 일들이 어렵다는 것입니다. 그분은 또, '돈은 밥이고, 밥은 돈이며 삶'이라고 말합니다. 그러하니, 돈과 밥 앞에서 어리광을 부리거나 주접을 떨지 말고, 오늘도 핸드폰을 차고 나가 열심히 돈을 벌라고 합니다.

돈은 버는 것이 전부가 아닙니다. 쓰는 것도 중요합니다. 돈을 벌고 쓰는 것을 기준으로 세상에는 네 부류의 사람이 있습니다. '돈만 많은 사람', '돈도 많은 사람', '돈만 없는 사람', 그리고 '돈도 없는 사람'이 그것입니다. 그중에 가장 많은 부류는 돈만 없는 사람들입니다. 대다수의 선량하고 평범한 사람들이죠. 가장 적은 부류는 아마도 '돈도 많은 사람들'일 것입니다. 돈을 잘 벌기도 어렵지만, 잘 쓰기는 더 어렵습니다. 이 책에서는 힘들게 모은 돈을 가치 있는 일에 쓰는 사람들은 '행복한 부자'라고 정의합니다. 어떻게 하면 행복한 부자가 될 수 있을까요?

보통 사람들은 로또에 당첨되지 않는 한 돈을 금방 많이 모을 수 없습니다. 아무리 큰 대기업에 다녀도 처음부터 연봉을 많이 주지는 않습니다. 처음부터 많은 자본금을 가지고 사업을 시작하는 사람은 드뭅니다. 회사를 다니든, 사업을 하든 모든 시작은 미약한 법입니다. 같은 직장을 다녀도 혹은 유사한 조건에서 사업을 시작해도 누구는 부자가 되고 누구는 그렇지 못합니다. 돈은 버는 것보다 어떻게 관리하고 운용하느냐가 더 중요하기 때문입니다. 돈을 벌기만 하고 나누지 않으면 사회적 지탄을 받게 됩니다. 그 돈이 반드시 본인 혼자만의 노력으로 얻어진 것은 아닐 것이기 때문입니다.

이 책에서는 젊은 세대가 저축과 지출 통제라는 작은 시작을 통해 종잣돈을 모으고, 그것을 기반으로 돈을 불려서, 아름다운 나눔을 실천하는 행복한 부자가 되는 방법을 생각해 보았습니다. 가장 단순하게, 돈을 모으고, 쓰고, 불리고, 나누는 사칙연산의 원칙에 입각하여 행복한 부자로 가는 네 가지 습관을 살펴보았습니다. 행복한 부자들은 이 네 가지 습관이 자연스럽게 내재화된 사람들입니다. 좋은 습관은 만들기가 어렵지만 일단 제대로 형성이 되면 운명까지 바꿀 수 있습니다. 아프리카 속담에 '거미줄도 뭉치면 사자를 잡을 수 있다'고 했습니다.

또, 돈은 평생 공부가 필요한 과제입니다. 인생이 생각보다 길기 때문입니다. 짧지 않은 인생과 함께하는 저축이든, 주식이든, 부동산 투자든 모든 재테크 수단이 말하는 것은 크게 네 가지입니다. 첫째, 젊어서부터 열심히 돈을 모으라는 것, 둘째, 미리미리 준비를 통해 늙어서 자식들에게 민폐를 끼치는 부모가 되지 말라는 것, 셋째, 언제든 위험에 대비할 수 있는 준비를 하라는 것, 그리고 마지막으로, 떠날 때 무엇이든 가치 있는 것을 좀 남기고 가라는 것이 그것입니다. 이를 짧게 표현하면, 젊어서 저축, 늙어서 연금, 언제든 보장, 그리고 아름다운 마무리가 됩니다.

  이 책은 재테크의 첫 단계인 '젊어서 저축'에 포커스를 맞춰, 대학생활 혹은 사회생활을 시작하는 분들이 알아야 할 기본적인 재테크 지식을 알려 주기 위해 썼습니다. 돈을 빨리, 많이 버는 방법을 적지 않았고, 시대가 변해도 변하지 않을 재테크 원칙을 말하고자 노력했습니다. 젊어서 익힌 재테크 습관이 평생을 좌우합니다. 그리고 돈을 버는 과정은 인격 실현의 과정이기도 합니다. 우리 딸들처럼 젊은 세대들이 네 가지 습관을 잘 익혀서 실패를 줄이고, '돈만 많은'이 아니라 '돈도 많은' 행복한 부자들 되시길 기원합니다.

목차

서문: 돈을 벌어라   4

01 돈이란 무엇인가?

01. 저축에 앞서 '돈'이 무엇인지 생각해 보자   14
02. 궁극적으로 돈은 '자유'다   19
03. 돈의 대척점에는 가난이 있다   23
04. 부자가 되고 싶은 열망을 키우자   29
05. 부자로 가는 지름길은 저축   35

02 살면서 돈은 얼마나 필요할까?

06. 평생 얼마나 많은 돈을 벌고 쓰고 살까?   42
07. 인생에 꼭 필요한 다섯 가지 자금   46
08. 생활비 단순 계산해도 13억!   50
09. 서울에서 아파트 한 채 사려면 10억은 있어야!   56
10. 자녀 하나 키우는 데 4억이 들어   61
11. 부모의 눈물로 올리는 웨딩마치?   66
12. 노후에는 준비할 수 없는 것이 노후준비   71

03 저축의 기초

13. 가장 위험한 것은 목표가 없이 사는 것   78
14. 종잣돈 1억 세는 것보다 버는 것이 빠르다   82

15. 금리를 알아야 부(富)의 미래가 보인다	87
16. 내 돈은 언제 두 배가 될까?	92
17. 재테크의 적(敵) 물가	98
18. 돈의 가치 변화를 쉽게 알 수 있는 방법	103
19. 1억을 모을 때와 갚을 때	108
20. 재테크 성공의 원리, 부(富)의 함수	112
21. 행복한 부자로 가는 네 가지 습관을 익히자	118

04 행복한 부자로 가는 더하기(+) 습관

22. 돈을 모으는 사람들의 공통점	124
23. 강제로 저축하는 시스템을 만들자	128
24. 푼돈부터 저축하자	133
25. 동시에 저축하자	138
26. 오래 저축하자	144
#참고1. 저축의 기초, 예·적금	149
#참고2. 예·적금을 활용한 풍차 돌리기	152

05 행복한 부자로 가는 빼기(−) 습관

27. 마이너스를 마이너스하자	162
28. 이중의 안전망을 치자	167
29. 지출을 줄이는 지름길은 저축	173
30. 세(稅)테크가 곧 재테크	178
31. 지나친 욕심을 경계하자	184
#참고3. 위험을 줄이는 보험 상품	189

#참고4. 저축과 보험   192
#참고5. 세금을 줄이는 절세상품   196

06 행복한 부자로 가는 불리기(×) 습관

32. 움직이지 않으면 퇴보   200
33. 나만의 투자 원칙을 세우자   207
34. 금융자산에 투자하자   212
35. 자금을 분산하여 장기투자 하자   219
36. 원금을 지키자   225
#참고6. 유태인에게 배우는 투자의 지혜   230
#참고7. 최근 금융투자상품   236
#참고8. 돈을 늘리는 금융투자상품   238
#참고9. 파생결합상품 투자와 유의사항   243

07 행복한 부자로 가는 나누기(÷) 습관

37. 부자들의 공통점   248
38. 목표를 나누어 힘을 줄이자   253
39. 소득을 나누어 습관을 기르자   259
40. 시간을 나누어 배움에 투자하자   265
41. 마음을 나누어 스스로 돕는 자가 되자   270

참고문헌   277

01
돈이란 무엇인가?

01
저축에 앞서
'돈'이 무엇인지 생각해 보자

돈 많이 벌고 계신가요? 많이 쓰기만 한다고요? 그래도 너무 실망하지는 마십시오. 오늘 내가 쓴 돈이 씨앗이 되어 많이 벌 날도 생길 겁니다. 저도 지갑 내는 속도가 빨라 밖에서는 좋은 소리 듣고, 집에서는 욕먹고 늘 그렇게 살았죠. 돈 버는 속도보다 아내의 잔소리가 느는 속도가 빠르더군요. 그것도 단리도 아닌 복리로…. 나이가 들어 가면서 수입은 줄고, 지출은 그만큼 줄어들지는 않고, 돈 때문에 일희일비하는 날들도 많아졌습니다. 원래 인생의 목표는 인격을 닦고, 육체와 정신, 영혼과 양심을 지켜 나가는 것인데, 그놈의 돈 때문에 세상에 별일이 다 생기니, 지금의 시대는 돈을 떠나서는 한시도 살 수 없는 '돈의 시대'요, 이 세상의 진정한 지배자는 돈이 아닌가 싶기도 합니다.

돈은 인간의 삶을 편리하게 만들기 위해 고안된 하나의 수단입니다. 돈은 물건과 서비스의 가치를 측정하고, 교환할 수 있게 하고, 저장할 수 있게 하는 3대 기능을 수행합니다. 예를 들면 월급 500만 원을 받을 때,

내 노동력에 500만 원이라는 가치를 부여하고, 내가 제공하는 노동력과 회사가 지불하는 대가가 교환될 수 있는 매개체가 되고, 내가 받은 500만 원 중 일정 부분을 소비하고 남은 것을 저축할 수 있는 기능을 수행한다는 말이죠. 이렇듯 한낱 수단에 불과한 돈이 이제는 삶의 목표가 되고 아예 신(神)을 대체하는 경지에 올라 우리들의 삶을 옥죄고 있습니다. 독일의 사회학자 게오르그 짐멜은 '수단이 목적으로 변한 완벽한 사례가 돈'이라고 했습니다. 도대체 돈이 무엇이길래 그러한지 몇 가지만 생각해 봅시다.

■ 다양한 돈의 의미

먼저, '돈은 생명'입니다. 돈에는 생명을 유지하고 살아가기 위해 필요한 최소한의 것들이 모두 들어 있습니다. 매서운 추위나 뜨거운 햇살과 같은 자연의 위협으로부터 신체를 보호해 주는 집과 옷들, 생명 유지를 위해 반드시 필요한 음식과 물, 다치고, 아프고, 병들 때 이를 낫게 해 주는 각종 약과 치료 같은 것들 말이죠. 이런 것들이 없다면 사람은 생존 자체가 불가능할 것입니다. 밥을 먹어야 그 밥이 피가 되고 살이 되어 살 수 있는 것처럼 생존에 꼭 필요한 의(衣), 식(食), 주(住)를 해결하기 위해서는 꼭 돈이 필요하니 '돈은 곧 생명'입니다. 10원짜리 동전 하나가 쌀 한 톨과 같습니다.

두 번째로, '돈은 미래'입니다. 의식주에 관계된 돈이 눈에 보이는 신체의 생존을 위한 것이라면, 뭔가를 배우는 데 드는 돈은 눈에 보이지는 않는 미래를 가시화시키는 데 꼭 필요한 돈입니다. '세상은 아는 만큼 보이는 법'입니다. 배울수록 지식이 쌓이고, 스펙이 커지고, 좋은 직업의 기회가 생기고, 배움에 투자한 돈보다 더 많은 돈을 벌 수 있는 가능성이 늘어납니다. 따라서, 배움은 지하수를 끌어 올리기 위해 수동펌프에 먼저 한 바가지 붓는 마중물과 같습니다. 배움에는 돈이 들지만 그 배움이 미래가 되니, 비유하면 '한 달치 학원비가 한 달치 미래'가 되는 셈입니다.

세 번째로, 돈은 곧 '관계'입니다. 다른 사람들과 모임이 많으면 하루에도 수십 번 카톡이 울립니다. 모임이 많으면 경조사도 많아서, 어떤 달은 한 달에 열 개 이상 생깁니다. 조의금 내다 내가 죽게 생겼습니다. 요즘은 아이들도 친구를 돈으로 맺는 세상이 되어 버린 것 같아 마음이 씁쓸합니다. '유유상종(類類相從)'이라고 부잣집 아이는 부잣집 아이와 친구가 되고, 가난한 집 아이는 그 형편에 맞춰 친구가 생긴다고 할까요? 이때 돈은 친구 사이를 갈라놓는 벽이 됩니다. 돈이 관계의 고리가 되기도 하지만, 사람을 고립시키는 원인이 되기도 하니, 돈은 인간관계를 이어주는 접착제이자, 그것을 단절시키는 칼입니다.

네 번째로, '돈은 곧 힘'입니다. '유전무죄 무전유죄' 아시죠? 같은 죄를 지어도 돈 있는 사람은 가벼운 형량을, 가난하고 돈 없는 사람은 무거운 형량을 받습니다. 요즘은 천국도 돈을 많이 내야 가는 곳 같습니다. '유전 천국 무전 지옥'일까요? 돈이 있어야 성형수술을 해서라도 예뻐질 수 있고, 돈이 있어야 회사를 만들어 종업원들에게 자신의 의지를 관철시킬 수 있습니다. 미켈란젤로나 레오나르도 다빈치 같은 미술가들이 나올 수 있었던 것도 중세의 영주들이 자기들의 힘을 과시하기 위해 경쟁적으로 예술에 돈을 투자한 덕분이라고 합니다. 돈이 있으면 할 수 없는 일도 할 수 있지만, 돈이 없으면 할 수 있는 일도 할 수가 없게 됩니다. 그렇게 보면 돈은 곧 힘입니다.

다섯 번째로, 돈은 곧 '자유'입니다. 자유가 얼마나 소중한 것인지는 그 반대의 상태가 되어 보면 금방 알 수 있습니다. 직장인은 몸이 힘든 날에도 직장에 나가 하기 싫은 일도 해야 하고, 화가 나도 참아야 할 때가 많습니다. 어떤 면에서 직장인의 삶도 수도승의 삶과 비슷합니다. 물론, '내가 사장이다'라는 주인의식을 가지고 열심히 일하면 보람도 크지만, 남의 지시를 받아 가며 사는 것이 좋은 일은 아닙니다. 당장이라도 직장을 그만두고 내 마음대로 살았으면 좋겠다는 생각을 하지만, 실행을 못 하는 이유가 '돈 때문'이니, 돈이 없음은 '부자유'요, 돈이 있음은 '자유'인 셈입니다.

■ 나에게 돈이란 무엇인가?

이처럼 돈의 의미는 다양합니다. 백만 명의 사람들에게 '당신에게 돈이란 무엇인가?'라는 질문을 던지면 아마도 백만 개보다 더 많은 답이 나올 것입니다. 돈에 대해 부정적인 이미지를 가지고, '돈을 주고도 살 수 없는 것도 많다'고 외치는 사람도 있지만, '돈만큼 많은 것을 살 수 있는 것도 없다'고 생각하는 사람도 있습니다. 돈은 물과 같아서 돈 자체는 아무 죄가 없습니다. 돈을 벌고, 쓰는 사람에 따라 생명수도 되고 폐수도 되고 그러겠죠. 단순히 돈을 많이 벌어야 되겠다는 목표를 세우기 전에 '나 자신에게 돈이란 무엇인지' 한 번쯤 생각해 보셨으면 좋겠습니다.

02
궁극적으로 돈은 '자유'다

'인생은 ( )이다'처럼 돈에 대해서도 '돈은 ( )이다'라고 써 놓고 괄호 안을 채워 가다 보면 생각해 볼 것이 참 많다는 것을 알게 됩니다. 괄호 안에 무엇을 써넣더라도 다 말이 된다는 것입니다. '돈은 (밥)이다', '돈은 (사랑)이다', '돈은 (BTS의 노래)다', '돈은 (선생님)이다', '돈은 (평화)다', '돈은 (권력)이다', '돈은 (명예)다', '돈은 (기쁨)이다', … 돈에 관한 정의는 우리가 사용하는 단어 수만큼 무수히 많을 수 있습니다. 그런데 괄호 안에 들어갈 가장 적합한 말 중 하나는 '자유'가 아닐까 싶습니다.

■ 채무노예를 아십니까?

옛날 노예들은 대부분 전쟁에 져서 포로로 잡혀 온 사람들이라고 생각하기 쉽습니다. 하지만, 이미 고대 시대에도 '채무노예'가 있었다는 것 아시나요? 노예를 얻는 가장 쉬운 방법은 '전쟁노예'였습니다. 고대 이집트나 그리스, 로마제국시대에는 많은 정복전쟁이 있었고, 전쟁에 져서 노예가 된 사람들이 많았습니다. 그 노예들은 농장주들 같은 사람들의 폭력적 탄압에 항거해 '스파르타쿠스의 난'과 같은 반란을 일으키기도 했습니다. 원치 않게 노예가 되었으니 주인 말을 잘 안 들은 거죠.

또 한 부류의 노예가 있었는데 그게 바로 '채무노예'입니다. 농토를 많이 가진 대지주들이 소작농들에게 농사를 지을 종자를 빌려주고, 수확기가 되면 감당할 수 없을 만큼 비싼 이자를 거둬들였는데, 그것을 못 갚으면 잡아다가 노예로 삼은 것입니다. 이 '채무노예들'은 자신의 처지를 운명으로 생각하고 노예가 된 사람들이라 주인들 입장에서는 '전쟁노예'보다 부려 먹기가 쉬웠습니다. 지금 남아 있는 이집트와 그리스 로마제국의 위대한 건축물들은 대부분 이 노예들이 만든 것인데, 그곳을 찾는 관광객들은 건축물의 아름다움과 사라진 제국의 영광만 떠올릴 뿐, 그 아래 땅속에 해골이 되어 묻혀 있는 노예들의 수고를 보지 못합니다.

■ 폐지된 노비제도

우리나라에서는 1894년 갑오개혁을 통해 노비제도가 폐지되었습니다. 그런데 그 후에도 노비의 매매가 이루어졌다는 것을 보여 주는 문서들이 많이 남아 있습니다. 내가 나 자신을 노비로 판다는 것을 기록한 문서를 자매문기(自賣文記)라고 합니다. 이런 문서들을 보면 극심한 빈곤이나 부채를 이기지 못해 자신이나 처자를 노비로 파는 경우도 많았다는 것을 알 수 있습니다. 심지어 먹고살기가 너무 힘든 집에서는 입 하나를 덜기 위해 아무런 대가도 받지 않고 어린 딸을 남의 집 종으로 넘기기도 했습니다. 그 집에 가면 밥이라도 먹을 수 있을 테니까요.

그와 반면에, 신분이동이 심했던 그 당시에는 돈만 있으면 천인에서 양인으로, 양인에서 양반으로 신분상승도 가능했습니다. 돈은 힘든 군역이나 부역으로부터 벗어나는 수단이 되어 왔고, 지금도 일정 부분 그렇습니다. 우리나라 같은 징병제 국가에서 사지가 멀쩡한데 병역을 면제받거나 줄여 받은 사람들을 보십시오. 권력을 사용하거나 돈을 써서 자유를 얻었다는 생각이 들지 않나요?

■ 현대판 노비가 되지 말자

저는 베르디의 오페라를 좋아하는데, 〈나부코〉라는 오페라에 나오는 '히브리 노예들의 합창'이라는 곡이 있습니다. 포로로 잡혀 온 유태인들이 유프라테스 강변에서 고향을 그리워하면서 "하느님! 우리를 불쌍하고 가엾게 여기셔서, 이 압박과 설움에서 우리를 건져 주시고, 우리에게 자유를 주소서" 하며 부르는 노래입니다. 저는 친구들과 이야기하다가 가끔 농담 삼아 "히브리 노예들의 합창은 아마 그 당시에 카드를 많이 긁어 빚을 많이 지고 노예가 된 사람들이 부채 탕감해 달라고 부르는 노래 같아. 절대로 빚을 지지 말라는 이야기지"라고 말하곤 합니다.

옛날에는 신분제도가 엄격해서 태어날 때부터 노비로 살아야 했던 사람들이 많았지만, 요즘에는 돈 때문에 노예적인 삶을 살 수밖에 없는 '현대판 노예들'이 많습니다. 일단 빚을 지고 못 갚으면 돈을 벌어도 채권자나 금융기관으로부터 차압을 당해 자기 마음대로 쓸 수가 없게 됩니다. 살던 집에서 쫓겨나기도 하고, 불가피하게 가족들과도 이별을 해야 하는 경우도 생깁니다. 자유인이 아니라 노예가 되는 것이죠.

내가 돈을 잘 다룰 때는 내가 돈의 주인이지만, 내가 돈을 함부로 다루면, 돈은 집 밖으로 도망쳐 무리를 이룬 다음, 다시 집으로 쳐들어와 나를 겁박하고 자유를 빼앗아 가는 몹쓸 놈의 도적이 된다는 것을 잊지 말아야 합니다. 돈은 자유를 신장시킬 수 있는 최선의 수단이자 자유를 속박할 수 있는 잠재적인 위협입니다. 돈이 있으면 자유롭게 살 수 있지만, 돈이 없으면 그 자유를 누리는 사람의 일꾼이나 종으로 살아갈 수밖에 없습니다. 최소한의 자유로운 삶을 위해서라도, 돈을 모으고 빚을 멀리해야 하겠습니다.

03
돈의 대척점에는 가난이 있다

돈에 대해 다른 방향으로 생각해 볼 수도 있습니다. '돈이 없으면 ( ) 한다'처럼 써 놓고 생각해 보면 역시 많은 것들이 떠오를 것 같습니다. 돈이 없다는 것은 가난, 궁핍, 질병, 공포, 이별, 죽음과 같은 부정적인 이미지를 연상하게 만듭니다. 돈이 없다고 삶이 끝나는 것은 아니지만, 포기해야 할 것이 참 많습니다.

신경림 시인은 〈가난한 사랑노래〉라는 시에서 "가난하다고 해서 사랑을 모르겠는가, 내 볼에 와 닿던 네 입술의 뜨거움, 사랑한다고 사랑한다고 속삭이던 네 숨결, 돌아서는 내 등뒤에 터지던 네 울음. 가난하다고 해서 왜 모르겠는가, 가난하기 때문에 이것들을, 이 모든 것들을 버려야 한다는 것을"이라고 썼습니다. 가난의 아픔이 절절하게 묻어나는 시인데, '가난하다'를 '돈이 없다'로 바꿔서 읽어 보면 그 의미가 더욱 또렷해집니다.

■ 돈이 없으면 가난

가난은 돈이 없다는 것과 같은 말입니다. 가난은 시(詩) 속에서는 아름답지만, 그것이 삶 속으로 들어오면 추합니다. 제 딸은 우리나라 20대 중에서 꽤 유명한 도예작가인데, 딸에게 "너 정도 위치면 얼마든지 더 좋은 남자를 사귈 수 있는데, 왜 꼭 가난한 예술가 남자 친구를 사귀니? 남편 될 사람이 직장이라도 든든해야, 네가 더 안정적인 상태에서 마음 놓고 예술활동을 할 수 있을 텐데…. '가난이 앞문으로 들어오면 사랑은 옆문으로 샌다'는 말 몰라?"라고 말한 적이 있습니다. 저도 속물이 된 것일까요? 그냥 아빠 마음이 그렇다는 것이죠. 물론 그 남자 친구에게 뭐라 한 적은 한 번도 없습니다. 그 친구도 남의 집 귀한 자식이니까요.

육체적으로 가난은 굶주림과 목마름이고 덥고 추운 고통이며, 아플 때는 보살핌을 받지 못하는 것이자 건강할 때는 쉴 새 없이 노동을 해야 하는 것입니다. 정신적으로 가난은 억압과 멸시, 치욕과 학대와 굴욕을 견뎌 내야 하는 것이고, 어린이는 순수함을, 여성은 우아함을, 남성은 품위를, 노인은 존경을 잃는 것을 말합니다. 가난은 곧 상실을 의미합니다. 어떻게 할 수 있는 일이 없는 것이죠.

■ 우리나라의 빈곤율

우리나라는 일제의 치욕과 동족상쟁의 참극을 겪고 세계에서 가장 가난한 나라 중 한 나라로 전락했다가 수십 년 만에 제반 부분이 세계 10위권 안에 드는 부유한 나라가 되었습니다. 전 세계가 코로나 19로 인해 어려움을 겪고 있지만, 우리나라는 K-방역을 필두로 다양한 분야에서 두각을 나타내면서 국가의 위상이 나날이 높아져 세계 주요 7개국 모임인 G7을 넘볼 정도가 되었습니다. 세계 역사상 우리나라가 이만큼 관심을 받았던 적은 없었던 것 같고, 우리 국민들이 참 자랑스럽습니다.

하지만, 국민들의 삶을 살펴보면 아직도 한참 멀었다는 생각이 듭니다. 경제개발협력기구(OECD)에서는 중위소득의 50% 미만을 빈곤층, 50% 이상 150% 미만을 중산층, 150% 이상을 고소득층으로 분류합니다. 우리나라 국민을 소득에 따라 일렬로 세웠을 때 중간에 있는 사람의 소득이 100만 원이라면, 소득이 50만 원도 되지 않는 사람은 빈곤층, 50만 원에서 149만 원까지는 중산층, 150만 원 이상은 고소득층이라는 말입니다. 그리고 전체 인구 중 빈곤층의 비율을 '상대적 빈곤율'이라고 하는데, 2020년 우리나라의 상대적 빈곤율은 17.4%로 35개 OECD 국가 중 미국 다음으로 높았습니다. 그만큼 우리나라는 소득의 불평등도가 높고 가난한 사람이 많다는 이야기입니다.

※ OECD 국가들의 빈곤율(단위: %)

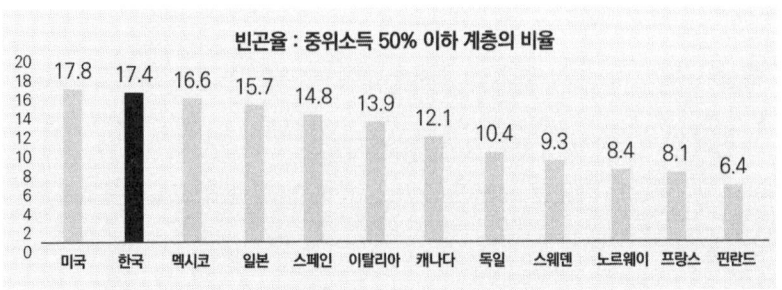

■ 가난의 대물림

문제는 가난이 당대에서 끝나지 않고 대물림이 된다는 것입니다. 최근 서울신문에서 초등학생 학부모 200명을 대상으로 설문조사를 실시했습니다. 앞으로 현재와 비슷한 경제적 수준을 유지할 것이라고 답한 비율이 저소득층은 18%에 불과했던 반면, 중산층 이상은 41%가 넘었습니다. 그리고 본인뿐 아니라 자녀의 경제적 미래도 더 나빠질 것이라고 응답한 비율이 저소득층은 약 30%, 중산층은 약 19% 정도였습니다. 저소득층일수록 미래에 대한 불안이 더 크고, 자녀들의 경제적 어려움도 나아질 것 같지 않다고 생각한다는 것이죠.

기대수명은 자꾸 늘어 100세 시대가 멀지 않았고, 할아버지가 90세, 아들이 60세, 손자가 30세인 가정이 많아질 것입니다. 우리나라 노인빈곤율은 43.8%로 OECD 국가 중 1위이고 2019년 청년실업률은 8.9%로 점점 높아지고 있습니다. 90세인 할아버지는 물론 노년에 접어드는 아들도 가난하고, 30세인 손자마저 제대로 된 일자리를 찾지 못한다면 할아버지, 자식, 손자, 3대가 모두 가난한 가정도 늘어나게 될 것입니다. 100세 시대가 장수의 축복보다 가난의 폭력이 난무하는 시대가 된다면 정말 끔찍한 일입니다. 더욱 무섭고 두려운 것은 나만, 우리 가정만 가난해지는 것입니다.

■ 가난을 이기는 길은 저축

가난은 사람을 절망에 빠뜨립니다. 가난은 세상의 모든 고통을 한 몸에 짊어진 것과 같기도 합니다. 프랑스의 작가 '까뮈'는 "가난은 행복의 적이다. 당신이 불행한 부자라 해도 가난한 것보다는 행복하다. 돈이 없어도 행복해질 수 있다는 생각은 정신적 허영이다"라고 말했습니다. 유태인들은 '가난은 곧 저주이고 50개의 전염병보다 나쁜 것'이라고 말합니다. 그들에게 가난은 타도의 대상입니다. 그리고 '부(富)는 복된 것이고, 번영은 축복의 표시'라고 생각합니다. 유태인들은 가난을 낭만적으로 바라보거나 가난을 합리화하려고 하지 않습니다. 그래서 그런지 유태인 중에는 유난히 부자들이 많습니다.

가난하다고 체념하는 사람은 가난을 면하지 못합니다. 세계적인 성공철학 전도사 '나폴레옹 힐'은 "가난하게 태어난 것이 치욕은 아니다. 가난을 숙명으로 받아들이는 것이 치욕이다"라고 말했습니다. 가난을 대하는 태도가 중요하다는 말이죠. 가난에 대한 태도를 바꾸고 즉시 행동에 나서야 하는데, 가난을 이기는 길은 저축입니다. 실제로 겪는 가난보다 가난에 대한 불안을 저축의 동력으로 삼으면 좋습니다. 당신이 오늘 당장 10만 원이라도 저축을 시작하면, 가난은 10m만큼 뒷걸음질을 친다는 것을 잊지 마십시오.

04
부자가 되고 싶은 열망을 키우자

우리나라에서 부자에 대한 인식은 썩 좋지 않습니다. 부자들은 졸부나 속물 등으로 비난을 받습니다. 그러면서도 누구나 부자가 되고 싶어 합니다. 부자가 되면 행복할 수 있을 것 같으니까요. 부자에 대한 비난은 질투심에서 생깁니다. '거지는 돈 많은 사람을 부러워하는 것이 아니라 자신보다 약간 더 많은 돈을 버는 다른 거지를 부러워한다'고 합니다. '배고픈 것은 참아도 배 아픈 것은 못 참는다'는 말도 있습니다. 세상 사람들은 나보다 나은 사람은 싫어하고 나에게 아첨하는 사람은 좋아합니다. 질투는 인간의 본능일까요?

■ 부자를 질투하지 말자

기형도 시인은 〈질투는 나의 힘〉이라는 시(時)에서 "나 가진 것 탄식밖에 없어, 저녁 거리마다 물끄러미 청춘을 세워 두고, 살아온 날들을 신기하게 세어보았으니, 그 누구도 나를 두려워하지 않았으니, 내 희망의 내용은 질투뿐이었구나"라고 말했습니다. 젊은 날 열정적으로 살아온 듯싶지만, 무언가를 이루기 위해 적극적으로 행동한 것은 별로 없고, 남들이 가진 것에 대한 질투심만으로 근근이 버텨 온 것 같은 삶을 반성하는 시라고 할까요?

우리가 열심히 일하는 것은 스스로 원해서이기도 하지만, 다른 무언가 또는 다른 사람들에게 자극을 받기 때문이기도 합니다. 다른 사람들보다 뒤처지기 싫어하고, 나는 다르다는 것을 내세우고 싶어 하는데 그것이 질투의 힘인 것이죠. 적당한 질투심이 자신의 분발을 촉구하는 내적 동기로 작용한다면 좋은 일이지만, 지나친 질투심은 항상 자신을 못마땅하게 바라보게 만듭니다. 부자들 중에는 누구보다 앞서 생각하고, 실패의 위험을 감수하고, 열심히 일해 자수성가한 후 이 사회에 큰 기여를 하며 살아가는 사람들도 많습니다. 무턱대고 부자들을 시기하고 깎아내리는 것은 지나친 질투심의 발로입니다.

■ 부자의 기준

부자의 기준은 무엇일까요? 우리나라에서는 부자의 기준을 '재산의 정도'로 판단하는 것 같습니다. KB금융지주에서는 부동산 같은 실물자산을 빼고, 현금, 예금, 적금, 보험, 채권 등 금융투자상품에 예치된 금융자산이 10억 이상인 사람들을 부자로 정의하고 있습니다. 2019년 KB금융지주에서 내놓은 '한국 부자 보고서'에 따르면, '한국에서 부자라면 얼마 정도의 자산을 가지고 있어야 할까?'라는 질문에 대해 부자들이 내놓은 부자의 기준은 총자산 기준 67억 원이었습니다. 다시 말해 우리나라에서는 총재산이 67억 이상에, 그중 금융재산을 10억 이상은 가져야 부자 소리를 들을 수 있다는 이야기입니다.

'2020년 한국 부자 보고서'에 따르면, 우리나라에서 금융자산만으로 10억 이상을 가진 부자의 수(數)는 2010년 16만 명에서 2019년 35만 4천 명으로 2.2배가 늘었습니다. 같은 기간 동안 우리나라 인구가 매년 0.5% 증가하고, 우리나라 경제 규모가 매년 4.2%씩 성장한 반면, 부자의 수는 매년 9.2%씩이나 늘어났습니다. 우리나라 가계 전체의 금융자산은 2010년에 비해 1.7배 늘어난 반면, 부자들의 총 금융자산은 1.9배가 증가했습니다. 일반 가계에 비해 부자들의 금융자산 증가 속도가 빠르다는 것을 알 수 있습니다. 우리나라에 부자가 많아지고 부자가 되는 속도가 빨라지는 것은 좋은 일입니다. 우리나라 사람들이 점점 더 잘살게 되어 간다는 이야기가 되니까요.

※ 우리나라 부자 수(數) 증가 추이

(단위 : 천 명)

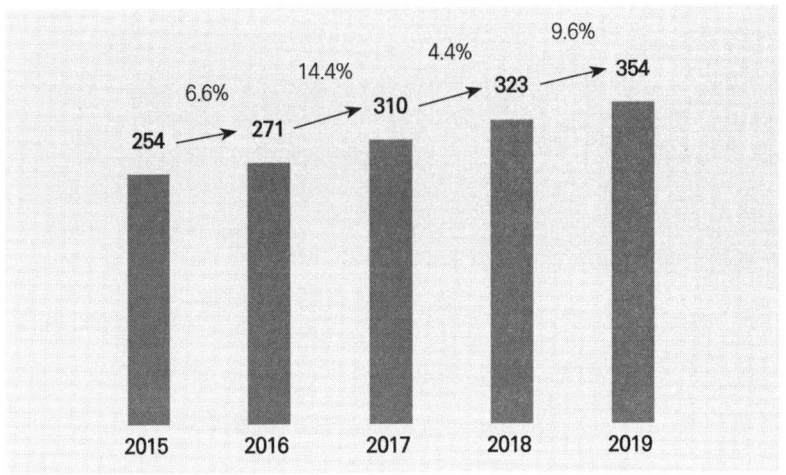

■ 각 나라 중산층의 기준

그런데 다른 나라에서는 꼭 돈의 규모가 부(富)의 기준이 되지는 않는 것 같습니다. 중산층의 기준에 대해 조사한 결과를 보면 차이를 알 수 있는데, 우리나라의 어느 직장인 설문조사에서는 '부채가 없는 30평 이상 아파트와 2,000cc 이상의 중형차를 가지고 있고, 월급은 500만 원 이상이고, 은행 예금 잔고가 1억 원 이상이며, 1년에 한 차례 이상 해외여행을 다닐 수 있는 사람'을 중산층이라고 했습니다.

※ 대한민국 중산층 기준 : 직장인 설문조사 결과

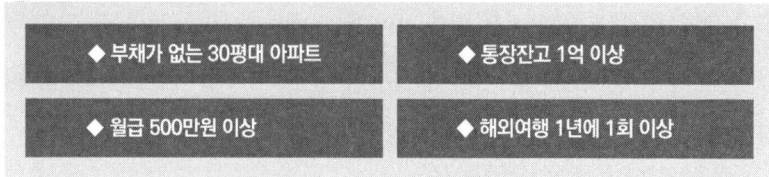

| ◆ 부채가 없는 30평대 아파트 | ◆ 통장잔고 1억 이상 |
| ◆ 월급 500만원 이상 | ◆ 해외여행 1년에 1회 이상 |

그런데 프랑스 사람들은 '할 수 있는 외국어 하나, 다룰 줄 아는 악기 하나, 직접 즐기는 스포츠, 공분에 대한 의연한 참여, 약자를 돕고 봉사활동을 꾸준히 하는 것'을, 영국 사람들은 '페어플레이와, 자신만의 신념과 주장, 독선적이지 않은 행동, 약자를 두둔하고 강자에 대응하는 것, 불의나 불평, 편법에 대한 의연한 대처'를 중산층의 기준으로 들었습니다. 돈이 계층을 구분하는 잣대가 되지는 않는 것이죠. 우리나라 사람들만 너무 속물이 된 것일까요?

■ 부자는 상대적인 개념

부자는 상대적인 개념이라고 말하는 사람들도 있습니다. 부자의 기준을 재산이 아니라 의식의 문제로 보는 것입니다. 돈이 없어도 부자가 될 수 있고, 돈이 많아도 가난할 수 있다고 합니다. 재산이 적더라도 스스로 부자라고 느끼면 부자일 수 있다는 것이죠. 소득은 낮지만 행복지수가 높은 티베트에서는 '충분히 갖고 있다고 느끼는 사람'을 부자라고 생각한다고 합니다. 소크라테스는 "가장 작은 것에 만족하는 사람이 부자"라고 했습니다. 만족 자체가 하늘이 선물한 가장 큰 부(富)라는 것이죠. 법정스님은 "홀로일 때 전체로서 당당하게 있을 수 있다", "아무것도 갖고 있지 않을 때 다 가질 수 있다"라고 했습니다. 이 모두 물질적인 부자가 아닌 마음의 부자가 되자는 말씀인데, 평범한 사람들 입장에서는 어딘가 공허합니다. 처자식이 걸리고 남들의 눈치가 보이기 때문이죠.

■ 부자가 되고 싶은 열망부터 키우자

유럽의 대표 주식부자인 코스톨라니는 '자기가 하고 싶은 일을 누구의 간섭도 받지 않고 언제든지 할 수 있는 사람'을 부자라고 했습니다. 또, 《시골의사의 부자경제학》이라는 책을 쓴 박경철은 '더 이상의 부를 늘리는 데 관심이 없는 사람'을 부자라고 했습니다. 그런데 평범한 사람들 생각에는 그들이 이미 부자이기 때문에 그런 말을 할 수 있는 것으로 보입니다.

지금 평범한 사람들도 언젠가 부자가 되면 그런 말을 할 수 있을 것입니다. 그러니 부자가 되고자 하는 열망에 불을 지펴야 합니다. 미국 부자들의 90%, 우리나라 부자들의 80%가 각고의 노력 끝에 자수성가한 사람들입니다. 부자가 된 사람들의 행적과 그들을 부자로 이끈 철학과 행동과 노하우를 배우기 위해 노력해야 합니다. 당장 서점으로 달려가 '부자'에 관한 책이라도 한 권 사 보면 어떨까요?

05
부자로 가는
지름길은 저축

　삶의 궁극적인 목적은 행복인데, 돈이라는 먹구름이 끼면 절대로 행복할 수 없습니다. 돈으로부터 자유로워야 행복해질 수 있습니다. 코스톨라니는 돈을 벌어야 하는 이유에 대해 "꼴 보기 싫은 놈들 앞에서 마음대로 행동할 수 있기 때문이죠. 돈만 있으면 나를 좋아하지 않는 놈들 앞에서, 또 내가 싫어하는 놈들 앞에서, 내가 좋아하는 괴테의 책을 마음대로 읽을 수 있는 자유를 만끽할 수 있어서 좋습니다"라고 말했습니다. 매우 직설적이지만 속 시원한 표현입니다. 또, 유명한 프로권투 프로모터 돈 킹은 "돈은 거의 모든 문제에 대한 해답입니다. 그러니 돈을 버십시오"라고 말했습니다. 자유롭고 안정되고 행복한 삶을 위해 돈을 벌어야 하겠습니다.

■ **돈을 버는 방법**

돈은 어떻게 벌어야 할까요? 우리나라에 피자헛을 들여와 성공한 성신제라는 분은 "수많은 아르바이트 학생을 써 보았는데, 그중에는 유명한 디자이너가 되겠다거나 공인회계사가 되겠다면서 대충 시간만 때우고 건성건성 일하는 사람이 많았습니다. 하지만 그중에서 디자이너나 공인회계사가 된 사람은 없었습니다. 아르바이트로 접시를 닦더라도 열심인 사람이 본업에서도 열심이고 성공하게 됩니다"라고 말했습니다.

'2020 한국 부자 보고서'에 따르면 부자들이 현재의 부(富)를 이룬 가장 주된 원천은 '사업수익'이었습니다. 세계 어느 나라를 보더라도 일을 통해 부자가 된 사람들이 많지, 재테크로 돈을 번 사람은 소수입니다. 부자들은 일하는 것이 취미이고 일을 즐깁니다. 거지도 부지런해야 더운밥을 얻어먹을 수 있습니다. 부자가 되기 위해서는 우선 열심히 일을 해야 하겠습니다.

일은 어떻게 해야 할까요? 모든 사람들은 자신도 모르게 세일즈 활동을 하고 있습니다. 갓난아기들은 배가 고프면 울음이라는 세일즈 도구를 활용합니다. 회사의 기획팀 직원은 보고서를 통해, 프로그래머들은 코딩을 통해 자신을 세일즈합니다. 아기에게는 엄마가 고객이고, 회사 직원들에게는 사장이 고객입니다.

한 해 평균 10억씩 세금을 낼 정도로 성공한 사업가였지만 알려지는 것을 싫어해 세이노(Say No)라는 필명을 쓰고 있는 분은 말합니다. "돈을 번다는 것은 다른 사람들의 돈이 자발적으로 내 호주머니로 옮겨 오는 것입니다. 그러기 위해서는 고객을 섬기는 자세가 필요합니다. 양반정신을 버리고 머슴정신을 가져야 합니다. 돈을 벌지 못하는 이유는 머슴정신이 없기 때문입니다. 허리를 굽히지 않으면 돈을 주울 수 없습니다"라고요. 나와 관계된 모든 사람이 나의 고객이라고 생각하면 됩니다. 그리고 고객의 성공을 위해 열심히 일하다 보면 나의 성공도 가까워집니다.

■ 록펠러 가문의 절약 정신

열심히 일해 번 돈은 어떻게 관리해야 할까요? 인류 역사상 가장 부자였던 사람은 석유왕 록펠러입니다. 포춘지에서 국내 총생산(GDP) 대비 개인자산의 비율을 산정한 결과, 록펠러의 재산은 그가 사망한 1937년을 기준으로, 미국 전체 GDP의 1.54%에 해당하는 14억 달러나 되었습니다. 일개 개인이 세계 최강인 미국 전체 GDP의 1.5%가 넘는 자산을 가졌었다니 참으로 놀라운 일이죠.

록펠러는 어머니로부터 '근검절약'을 배웠습니다. 그의 어머니는 '무절제한 낭비의 결과는 무자비한 가난뿐'이라고 가르쳤고, 그는 평생 동안 어머니 말씀에 충실한 삶을 살았습니다. 인류 역사상 가장 부자였지만, 독실한 침례교도로서 누구보다 금욕적인 삶을 실천했고, 구두쇠는 아니었지만 돈을 함부로 쓰는 것을 용납하지 않았습니다. 그가 인류 역사상 가장 큰 부자가 된 첫걸음은 바로 부자의 미덕, '절약'이었습니다.

록펠러의 절약 정신은 대를 거쳐 이어지고 있습니다. 그의 외아들 록펠러 2세는 평생 놀고먹어도 다 쓰지 못할 만큼 막대한 재산을 물려받았습니다. 그럼에도 불구하고, 그는 자녀들에게 '짠돌이'식 교육을 시켰습니다. 그는 자녀들이 7살 전후일 때부터 용돈을 줬는데, 일주일에 30센트부터 시작해서 얼마나 성실하게 용돈을 사용했는가를 따져 용돈의 규모를 달리했습니다. 일주일 단위로 자녀들에게 용돈을 주면서 사용처를 정확하게 장부에 적도록 했고, 용돈을 삼등분해 개인적인 용도, 저축, 기부에 사용하도록 했습니다. 그 가이드라인에 맞춰 용돈을 사용하고 장부를 기입한 자녀에게는 상금을 주고, 그렇지 않은 자녀에게는 벌금을 매겼습니다.

그는 자녀들에게 그렇게 엄격한 용돈 교육을 시킨 이유에 대해 다음과 같이 말했습니다. "나는 항상 돈 때문에 우리 아이들의 인생이 망가질까 봐 걱정했다. 아이들이 돈의 가치를 알고 쓸데없는 곳에 돈을 낭비하지 않기를 원했다." 그는 자신의 아버지 록펠러에게서 배운 것을 자녀들에게 그대로 실천했습니다. 이런 정신과 교육을 바탕으로 록펠러 집안은 '미국 1호 가문'의 명성을 이어 가고 있습니다.

■ 부자와 빈자를 가르는 기준

흔히 돈을 많이 벌어야 부자가 된다고 생각하지만 그것은 오해입니다. 소득이 많다고 반드시 부자가 되는 것은 아닙니다. 소득에 따라 씀씀이도 늘어나기 때문이죠. 부자들은 생각보다 훨씬 검소하게 살고 있습니다. 평균 10년이나 된 차를 몰고 다니고, 편안한 집에서 살지, 멋지게 보이는 집에서 살지 않습니다. 결국 부자와 가난한 자를 가르는 최대 변수는 수입이 아니라 지출입니다.

소득이 적어도 지출을 통제해 소득의 일정 부분을 저축하면 누구나 부자가 될 수 있습니다. 부유층이 아닌 평범한 사람도 자동차를 가질 수 있는 꿈을 실현시켜 미국의 마이카 시대를 열었던 헨리 포드는 "부자가 되려면, 먼저 재산을 상속받아라, 아니면 부자와 결혼하라, 둘 다 가능성이 없으면 버는 것보다 덜 쓰고 차액을 저축하라"라고 말했습니다. 지출을 줄이고 저축을 많이 하는 습관을 기르십시오. 그것이 부자로 가는 지름길입니다.

02
살면서 돈은 얼마나 필요할까?

06
평생 얼마나 많은 돈을 벌고 쓰고 살까?

우리나라 사람들은 매달 얼마나 벌어 얼마나 쓰고 살고 있을까요? 개인이 벌어들인 소득 중 자유롭게 소비나 저축할 수 있는 것을 '처분가능소득'이라고 하는데, 통계청의 2021년 4/4분기 '가계동향조사'에 따르면 우리나라 가구당 월평균 소득은 464만 2천 원, 처분가능소득은 378만 3천 원이었습니다. 한 달에 464만 2천 원을 벌었지만 85만 9천 원을 세금이나 사회보험, 이자비용 등 비소비지출로 내고 나니, 실제로 쓸 수 있는 돈은 소득의 82% 정도인 378만 3천 원밖에 되지 않더라는 것이죠. 그러니까, 100만 원을 벌면 약 20% 정도인 20만 원을 뺀 80만 원 정도가 실제 소득이고, 이 80만 원을 가지고 먹고, 쓰고, 저축도 하고 그런다는 말입니다.

■ 평생 소득과 지출

그럼, 우리나라 사람들은 평생 동안 돈을 얼마나 벌까요? 5천만 국민들이 처한 상황이 다 달라서 쉽게 알 수 없는 일이지만, 간단한 가정을 통해 추정을 해 볼 수는 있습니다. 30세인 A라는 사람이 취직을 해서, 60세 정년까지 30년 동안 일을 하고, 신입사원 연봉은 3천만 원, 그리고 연봉이 매년 3% 정도 오른다고 가정하면, A가 받을 수 있는 '평생소득'은 14억 3천만 원 정도가 됩니다. 신입사원 때 연봉이 높거나, 임금상승률이 높으면 평생소득은 늘어나게 됩니다.

※ 단순계산한 평생소득

년차	1년	2년	3년	5년	7년	10년	15년	20년	25년	30년
임금상승	-	1.03	1.06	1.13	1.19	1.30	1.51	1.75	2.03	2.36
연봉	30,000,000	30,900,000	31,827,000	33,765,264	35,821,569	39,143,196	45,377,692	52,605,182	60,983,823	70,696,965

통계청의 2016년 '국민이전계정'에 따르면, 우리나라 사람들은 평생 11억 정도를 벌어 16억 정도를 쓰는 것으로 나타났습니다. 어떻게 계산을 했을까요? 2016년 연령별 전체 노동 소득에서 전체 소비를 빼면 그림과 같은 형태가 나옵니다. 예를 들면, 59세인 사람들의 평균 노동 소득은 1,776만 원인데, 평균 소비는 1,855만 원이니 79만 원의 적자인생이구나라고 금방 알 수 있는 것이죠.

※ 우리나라 사람들의 평생 소득과 지출

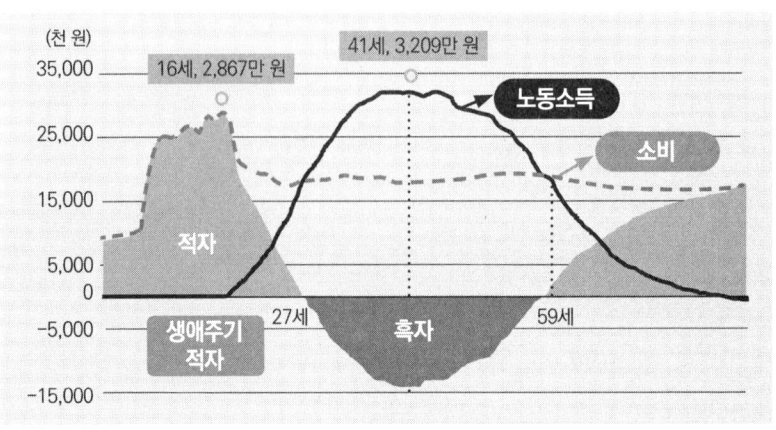

그림을 보면 소득과 소비 곡선이 표시되어 있는데, 소득은 20대 이후 쭉 늘어났다가 41세를 정점으로 하락하는 형태를 보이는 반면, 지출은 평생 동안 계속되는 것을 알 수 있습니다. 이에 따른 적자 및 흑자 구간을 살펴보면, 소득이 없거나 적은 26세 이전에는 약 4억 6,100만 원의 적자를 기록하다가, 취업 후 퇴직에 이르는 27세에서 58세 사이에는 약 2억 9,500만 원의 흑자를 기록한 뒤, 59세 이후에는 약 3억 2,600만 원 적자로 돌아서는 모습을 보입니다.

인생 적자폭이 가장 큰 때는 16세로, 버는 돈은 없이 2,867만 원을 소비합니다. 10대 때는 공공 교육비와 보건비의 지출이 많고 민간 사교육비도 많이 들기 때문입니다. 반면, 인생 최대 흑자를 기록하는 때는, 평균 소득이 3,209만 원으로 가장 높은 때인 41세로 1,435만 원의 흑자를 보입니다. 40대 초반은 직장에서 경험과 노하우가 쌓여 가장 열정적으로 일할 때라 소득이 가장 높고, 아이들은 아직 어려 지출이 크지 않기 때문입니다.

■ 저축과 지출 관리의 중요성

이상과 같은 사실에서 알 수 있는 것은 무엇일까요? 그것은 바로 한 해 한 해 벌 수 있는 수입은 얼마 안 되고, 평생 열심히 일해도 노동 소득만으로는 마이너스 5억짜리 인생이 되기 쉽다는 것입니다. 또, '아빠 소득은 아이들이 초등학교 다닐 때 가장 많지만, 청소년이 되어 돈을 가장 많이 쓸 때는 오히려 아빠 소득이 줄어든다'는 것도 알 수 있습니다. 하루라도 빨리 인생을 멀리 내다보고 계획적인 저축과 지출 관리에 나서야 하겠습니다.

07
인생에 꼭 필요한
다섯 가지 자금

    살아가는 데 꼭 필요한 '다섯 가지 자금'이 있습니다. '생활비', '주택자금', '자녀교육자금', '자녀결혼자금', '노후생활비'가 그것입니다. 5대 자금에 '긴급필요자금'을 더해 '6대 자금'으로 부르기도 합니다. '긴급필요자금'은 긴급한 상황에 대비한 '비상금'입니다. 우연이 많은 인생에서, 갑작스러운 실직이나 질병 또는 상해 등에 대비해, 몇 개월 또는 몇 년치 생활비 정도는 별도로 준비하고 살아야 하겠습니다.

※ 인생 5대 자금

| 생활비 | 주택자금 | 자녀교육자금 | 자녀결혼자금 | 노후생활비 |

■ 생활비

인생 5대 자금을 하나씩 알아볼까요? 먼저, 생활비는 의식주에 관련된 돈입니다. 쌀이나 반찬, 과일 같은 것을 사는 데 필요한 식비, 생필품을 사는 데 드는 잡비, 아파트 관리비, 가스비 같은 주거비, 통신비, 교통비, 대출이자, 용돈, 경조사비 같은 것들입니다. 생활비가 없으면 생활 자체가 불가능하기 때문에 가장 먼저 필요한 자금입니다.

■ 주택자금

두 번째로 주택자금은 내 집 마련과 확장에 필요한 돈입니다. 지역이나 규모에 따라 필요한 자금의 규모는 천차만별입니다. 집은 거주 공간일 뿐 아니라, 가족들에게 정서적 안정감을 주는 곳이기 때문에 꼭 필요합니다. 또 집이라는 재산이 있으면 긴급자금이 필요할 때 대출을 받기도 용이하며, 노후에는 주택연금으로도 활용할 수 있습니다.

■ 자녀교육자금

세 번째로 자녀교육자금은 자녀들의 공부를 위해 필요한 돈입니다. 교육의 격차가 직업과 소득의 차이를 불러오기 때문에 자녀들에게 충분한 교육 기회를 제공하기 위해서는 많은 돈이 필요합니다. 자녀교육비는 자녀들의 미래를 열어 주는 등불이지만, 사교육비 부담이 큰 우리나라 현실에서는 가정경제를 갉아먹는 주범이기도 합니다.

■ 자녀결혼자금

네 번째로 자녀결혼자금은 자녀가 가정을 꾸리는 데 필요한 자금입니다. 부모 입장에서 자녀의 결혼은 제2의 출생과도 같은데, 많은 돈이 필요합니다. 결혼식 비용도 문제지만, 집값이 너무 올라 부모의 도움이 없이는 자녀가 신혼집을 마련하기 어렵습니다. 그렇다고 무턱대고 자녀를 지원하다 보면 부모의 노후생활이 위태로워집니다.

■ 노후생활비

마지막으로 노후생활비는 은퇴 후 사망할 때까지의 생활비입니다. 노후생활비의 규모는 언제 은퇴하여 언제까지 살 것이냐, 매달 생활비로 얼마를 쓸 것이냐에 따라 달라집니다. 노후생활비에 반드시 포함시켜야 할 것은 의료비입니다. 나이가 들면 아무래도 아픈 데도 많아지고, 치료를 받으려면 돈이 많이 필요하기 때문입니다.

이 외에도 많은 돈이 필요하지만, 최소한 이 다섯 가지는 있어야 삶이 불행해지는 것을 막을 수 있습니다. 돈이 없거나 부족하여 삶에 먹구름이 낀다면 결코 행복할 수 없습니다. 이 다섯 가지 자금은 삶의 행복을 뒷받침해 줄 지원군이라고 할까요? 그런데 이런 자금들은 모두가 목돈이고, 단기간에 준비하기 어렵습니다. 젊어서부터 이런 자금들을 염두에 두고 계획적으로 준비하며 살아야 하겠습니다.

08
생활비
단순 계산해도 13억!

옛부터 식위민천(食爲民天)! '백성은 밥을 하늘로 삼는다'고 했습니다. 우리나라에서는, 짠한 사람을 보면 "밥은 먹었냐?"부터 물어봅니다. "식사하셨습니까?"를 인사말로 쓰는 나라는 아마 우리나라뿐일 것입니다. 그런데 먹고살기가 점점 더 어려워지는 것 같습니다. 경제상황이 나빠져 소득은 줄어도, 먹고사는 데 드는 생활비는 쉽사리 줄어들지 않는 법입니다. 우리나라 사람들은 한 달에 얼마나 있어야 생활이 가능할까요?

■ **가구당 월평균 소득과 지출**

통계청에서 발표한 2021년 4/4분기 가계동향 자료를 좀 더 살펴보면 우리나라 사람들이 어떻게 살고 있는지 잘 알 수 있습니다. 앞서 살펴본 대로, 가구당 월평균 소득은 464만 2천 원, 처분가능소득은 378만 3천 원이었습니다. 쉽게 말해 월급은 464만 2천 원이지만, 세금이나 국민연금, 건강보험료, 고용보험료, 대출이자 같은 비소비지출로 85만 9천 원을 떼고 나니 실제 처분 가능한 소득은 378만 3천 원밖에 안 된다는 이야기죠.

※ 가구당 월평균 소득 및 지출(출처 : 통계청)

(단위: 천, %)

가구원수	소득	지출			처분가능소득	흑자액	평균소비성향
		비소비지출	소비지출	計			
2.36명	4,642	859	2,547	3,406	3,783	1,236	67.3

가구당 월평균 소비지출은 약 255만 원인데, 우리나라 사람들이 가구당 한 달 '생활비'로 그 정도를 쓰고 산다는 말입니다. 그런데, 모든 가구를 소득에 따라 5개 구간으로 나누었을 때 소득이 가장 높은 5분위 가구들은 약 1,013만 원을 벌어 약 427만 원(42%)을, 소득이 가장 적은 1분위의 가구들은 약 106만 원 정도를 벌어 약 120만 원(113%)을 소비지출로 사용합니다. 소득이 너무 적다 보니 소득 전부를 생활비로 사용하고도 부족한 가구들도 적지 않다는 것이죠.

※ 소득분위별 소득과 소비지출(단위: 천, %, 전년동분기 대비)

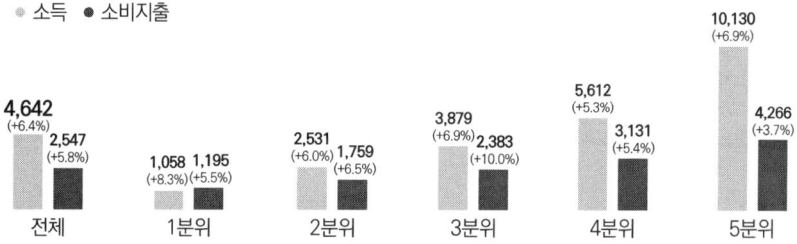

살면서 돈은 얼마나 필요할까?

가구당 소비지출 항목별 비중은 식료품·음료 구입 15.8%, 음식·숙박 14.2%, 교통비 11.6%, 주거·수도·광열비 11%, 보건비 9.2%, 기타상품·서비스 등의 순으로 높습니다.

※ 소비지출 비목별 구성비(단위: %)

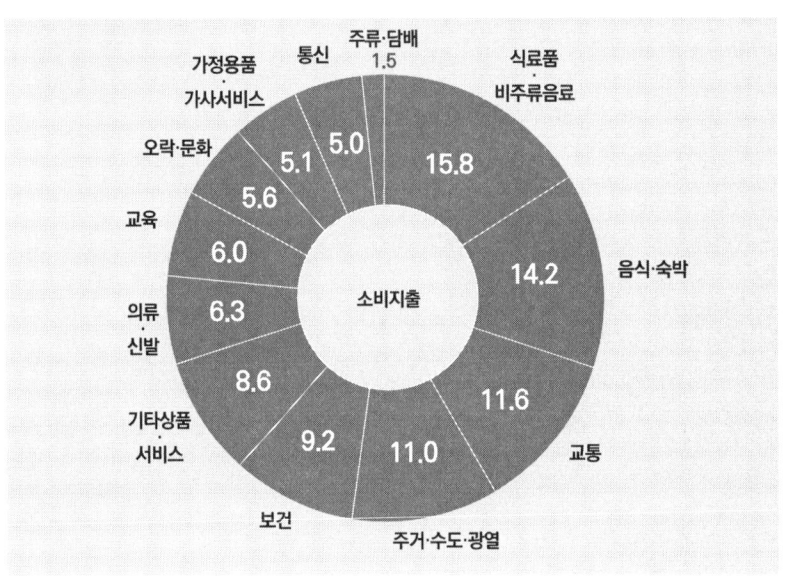

소득분위별 소비지출을 살펴보면, 소득이 낮은 가구는 식료품, 주거, 보건에 지출하는 등 생존에 관계되는 생활비의 비중이 높고, 소득이 높은 가구는 교육이나 오락, 교통, 외식·숙박 등 문화생활에 사용하는 돈의 비중이 높습니다. 가계의 소비지출 중에서 식료품비가 차지하는 비율을 '엥겔계수'라고 하는데, 소득이 낮을수록 엥겔계수가 높다는 것을 알 수 있습니다.

※ 소득 5분위별 소비지출 구성비

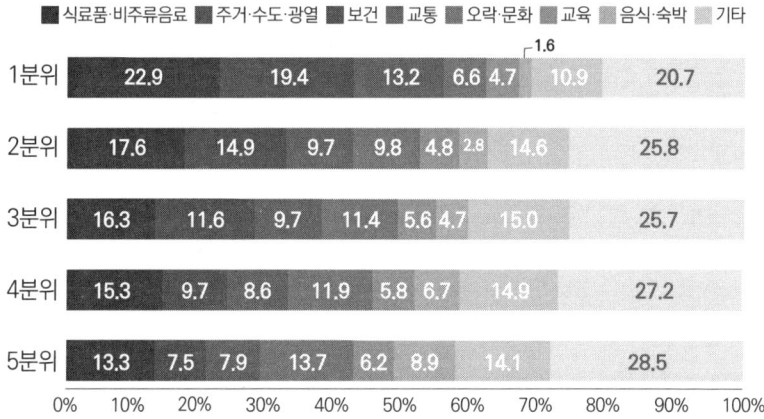

■ 가구원수 및 연령에 따른 가계수지

도시근로자가구 가구원수(數)별 가계수지를 보면, 1인가구는 약 254만 원을 벌어 약 149만 원(58.6%)을 소비지출에 사용하고, 2인가구는 약 423만 원을 벌어 약 223만 원(52.8%)을, 3인가구는 약 607만 원을 벌어 약 316만 원(52.0%)을, 4인가구는 약 686만 원을 벌어 약 383만 원(55.8%)을, 5인 이상 가구는 약 669만 원을 벌어 약 424만 원(63.4%)을 소비지출에 사용합니다. 소득 중에 소비지출의 비중이 2인가구, 3인가구까지는 줄다가 4인가구부터는 다시 늘어나는 현상을 보입니다. 그래서 혼자, 혹은 부부 둘만 살거나 자식도 하나만 낳으려고 하는 것 아닐까요?

※ 전국 가구 가구원수별 가계수지

(단위: 천, %)

구분	1인가구	2인가구	3인가구	4인가구	5인 이상 가구
소득	2,539	4,225	6,072	6,864	6,689
비소비지출	513	714	1,119	1,322	1,179
처분가능소득	2,025	3,511	4,953	5,542	5,510
소비지출	1,488	2,231	3,160	3,829	4,241
흑자액	537	1,280	1,793	1,714	1,269

가구당 소득과 소비지출의 규모는 가구원수뿐 아니라 가구원들의 연령에 따라서도 달라질 것입니다. 나이가 들고 노후가 되면 소득은 없거나 급격하게 줄어드는 반면, 생활비는 생각만큼 크게 줄어들지 않습니다. 기본 생활비는 줄어들지 모르지만, 의료비가 늘어나기 때문이죠. 그럼 평생 생활비는 얼마나 들까요?

■ **인생에 필요한 총생활비**

30세에 결혼을 하여 아이 둘을 낳고, 자녀들의 독립 시점을 60세로 잡으면, 앞서 언급한 가구당 월평균 소비지출 약 255만 원을 기준으로 30년 동안 필요한 생활비는 9억 원이 넘습니다. 그리고 60세 이후 기대수명인 83.3세까지 23년 4개월간 필요한 생활비는 월 소비지출 255만 원의 절반인 127만 5천 원만 잡아도 3억 5,700만 원이라는 계산이 나오니, 인생 총 필요 생활비는 12억 7,500만 원이 됩니다. 단순히 먹고사는 것 하나만으로도 13억 가까운 돈이 필요하다는 것을 알 수 있습니다. 생활비는 곧 생존 비용입니다. 가장 단순하게 나와 가족의 생존을 위해서라도 열심히 일해야 하겠습니다.

09
서울에서 아파트 한 채 사려면 10억은 있어야!

부동산 때문에 난리가 아닙니다. 아파트 한 채라도 가진 사람은 상대적으로 덜 오른 것 같은 자기 아파트가 더 오르기를 기대하고, 무주택자나 젊은 세대들은 서울에서 집 한 채 장만하기가 불가능할 것 같아 좌절합니다. 이미 많이 오른 지역 사람들은 아파트 가격이 떨어지지 않고 더 올랐으면 싶고, 보유세는 덜 내기를 희망합니다.

요즘 같은 추세라면, 막대한 빚을 내서라도 아파트 하나 사 두면 1년 만에 두 배도 될 수 있으니 그보다 수익률이 높은 상품이 없어 보입니다. 우리나라에서 가장 많은 아파트를 소유한 사람은 2천 채를 가지고 있다고 합니다. 제가 아는 어떤 사람은 아파트를 29채나 가지고 있으면서, 계속 아파트를 수집하러 다니고 있습니다. 집이 거주의 대상이 아니고, 돈벌이나 투기의 대상이 되어 버린 것 같습니다.

■ 억 소리 나는 세상

　서울시 아파트 평균 매매가격이 2020년 7월 10억 원을 돌파했다고 합니다. 경제정의실천시민연합에 따르면, 서울시 25평짜리 아파트 평균 가격은 11억 9,000만 원인데, 2020년 노동자의 평균 임금은 3,400만 원입니다. 임금을 한 푼도 안 쓰고 모아도 아파트 한 채 사는 데 36년이 걸린다고 하니, 월급만 모아서 집을 사기는 불가능한 세상이 되었습니다.

※ 서울시 아파트 평균 매매가격 추이(출처: 조선일보)

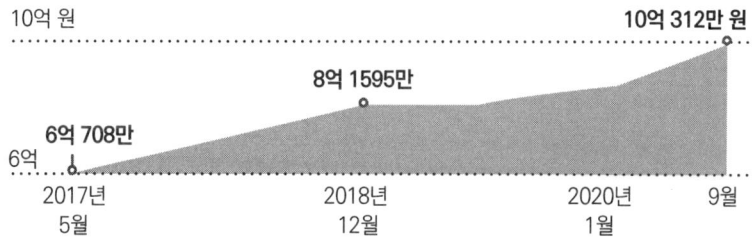

　전셋집 하나를 얻으려 해도 몇억씩이나 필요하니 그야말로 '억 소리 나는 세상'이 되었습니다. 과거에는 '연봉 1억' 하면 '꿈의 연봉'이라고 불렸지만, 이젠 별로 크지 않은 느낌이 듭니다. 연봉 1억을 받아서 한 푼도 안 쓰고 모아도 아파트 한 채 마련하는 데 10년 이상 걸리는 셈이니, 요즘 연봉 1억은 돈도 아니라는 생각마저 듭니다.

■ 집이 있어야 출산율도 높아

2019년 신혼부부 통계에 의하면 우리나라 신혼부부 10쌍 중 약 6쌍은 무주택자입니다. 집이 있어야 결혼한다는 말은 옛말이 되었고, 신혼부부의 60%가 전세나 월세로 신혼생활을 시작하는 것입니다. 집을 소유하고 있는지 여부에 따라 초혼 신혼부부의 자녀 출산율도 달랐습니다. 집을 가진 신혼부부는 63.3%가 자녀를 낳은 반면, 집이 없는 신혼부부는 53.2%만 자녀를 낳는 것을 알 수 있습니다.

※ 2019 신혼부부 통계(출처: 통계청)

구분	인원(쌍)	비중	자녀있음(쌍)	비율	평균 출생아 數(명)
전체	998,365	100	574,239	57.5	0.71
주택소유	428,197	42.9	271,117	63.3	0.79
미소유	570,168	57.1	303,122	53.2	0.65

출생아 수(數)를 보더라도 무주택 신혼부부는 아이도 적게 낳는다는 것도 알 수 있습니다. 2020년 우리나라 출생아는 27만 2,400명으로 역대 최소치를 기록했습니다. 합계출산율도 0.84로 사상 최저치를 경신했습니다. 반면 사망자 수는 30만 5,100명으로 출생아 수보다 3만 명 이상 많습니다. 정부가 본격적으로 인구가 감소하는 인구절벽을 막으려면 신혼부부가 살 수 있는 주택부터 마련해 주는 정책을 지속적으로 펼쳐야 하겠습니다.

※ 합계출산율 추이(출처: 통계청)

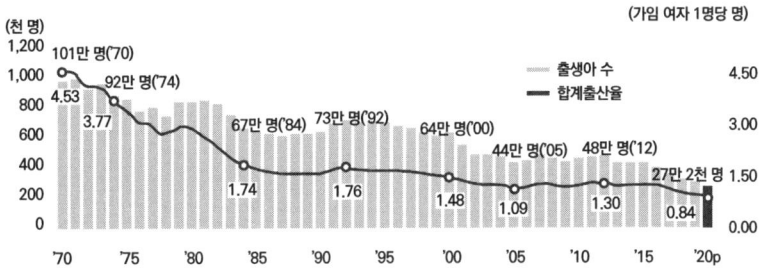

■ 주택자금 마련을 위한 저축의 필요성

주택을 소유한 신혼부부 중 36.7%는 1억 5,000만 원에서 3억 원 사이의 주택을, 23.5%는 3억 이상의 주택을 소유하고 있는 것으로 나타났습니다. 그럼 나머지 약 40%는 1억 5,000만 원 미만의 집을 샀다는 이야기가 됩니다. 대부분 빚을 내서 집을 마련하는데, 신혼부부 대출의 중앙값은 1억 4,674만 원이었습니다. 신혼부부 전체의 연평균 소득은 5,500만 원이지만, 주택을 소유한 신혼부부의 평균 소득은 6,325만 원입니다. 집을 산 신혼부부의 경우, 적어도 연평균 소득의 2배 이상의 빚을 안고 집을 샀다는 것입니다.

우리나라 신혼부부의 86%는 빚을 얻어 결혼생활을 시작합니다. 젊은 이들이 부모의 도움 없이 내 집을 마련하는 것은 불가능에 가까워 보입니다. 그럼에도 불구하고 내 집 마련을 위한 노력을 하지 않을 수 없습니다. 사회초년생이나 신혼부부, 저소득층 가구들을 위해 버팀목전세자금

대출, 디딤돌대출, 보금자리론 등 다양한 대출상품이 나와 있습니다. 대한주택금융공사나 시중은행을 통해 대출조건과 금리를 확인하고, 자신에게 적합한 대출상품을 통해 내 집을 마련하는 것도 좋겠습니다.

집은 삶의 보금자리라 꼭 필요하지만, 집값 상승률이 임금상승률에 비해 턱없이 높아진 마당에 어느 세월에 저축을 해서 집을 마련할 것인지 막연합니다. 그렇다고 저축을 하지 않을 수 없습니다. 삶이 계속되는 한 저축도 계속되어야 합니다. 대출을 받아 집을 사더라도 집값의 100%가 대출되는 것은 아니기 때문입니다. 아파트 한 채를 사려면 LTV(주택담보대출비율)나 DTI(연 소득 대비 금융비용 부담률) 등의 적용을 받기 때문에 적지 않은 내 돈이 필요합니다. 집값이 크게 높아진 반면 금리는 낮아진 만큼, 과거보다 더 장기적인 계획을 가지고 열심히 돈을 모아야 하겠습니다.

10
자녀 하나 키우는 데 4억이 들어

우리나라의 경우, 자녀에게 부모는 '문서만 없는 종'과 같습니다. 자녀에게 언제까지 경제적인 도움을 주어야 할까요? 2019년 한국보건사회연구원에서 기혼 여성 1만 1,205명을 대상으로 실시한 '전국 출산력 및 가족보건복지실태조사'에 따르면 59.2%가 '대학 졸업 때까지'라고 답했습니다. 그리고 17.4%는 '취업할 때까지', 14.7%는 '고등학교 졸업 때까지', 7.1%는 '혼인할 때까지', 1.6%는 '언제까지라도'라고 답을 했습니다.

※ 자녀에 대한 경제적 지원 시기(출처: 한국보건사회연구원)

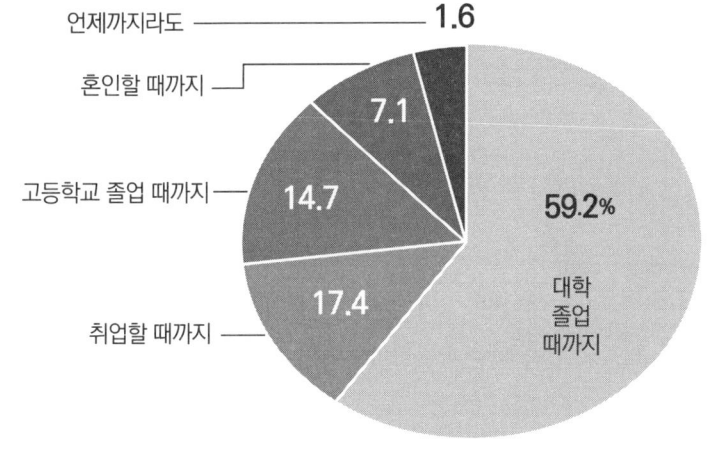

살면서 돈은 얼마나 필요할까?

2015년 조사에서는 62.4%가 자녀를 대학 졸업할 때까지 경제적으로 지원해야 한다고 답을 했던 것에 비하면 자녀에 대한 부양의식이 조금씩 약해지고 있는 것 같지만, 대학 졸업, 취직, 결혼할 때까지, 그리고 평생 자녀를 돌봐야 한다고 답한 사람들의 비율을 더하면 85.3%나 됩니다. 우리나라 사람들은 자녀에 대한 부양의식이 매우 높고, 부양해야 한다고 생각하는 기간도 매우 길다는 것을 알 수 있습니다.

우리나라 교육기본법에 따른 의무교육 기간은 초등학교 6년과 중학교 3년을 더해 9년입니다. 그리고 2021년부터 고등학교 1, 2, 3학년 전체 학생에 대해 무상교육이 실시되었습니다. 고등학교 과정은 국가에서 강제하는 의무교육 기간은 아니지만, 고등학교에 진학한 학생들에게 학비를 내게 하지는 않는다는 말입니다. 학부모 입장에서는 고등학교까지 공교육비 부담이 없게 되어 반가운 일입니다. 하지만 자녀교육비의 대부분을 차지하는 사교육비 부담은 전혀 해소된 것이 없으니, 학부모의 고통은 여전하다고 하겠습니다.

■ 목돈이 필요한 대학 등록금

대학 교육에는 목돈이 필요합니다. 2020년 서울에 있는 대학교 중 등록금이 제일 비싼 곳은 연세대학교로 한 해 평균 등록금이 893만 원이었습니다. 그런데 다른 사립대학들의 등록금도 대부분 800만 원이 넘었습니다. 등록금을 최소 800만 원만 잡아도 4년이면 3,200만 원입니다. 생활비, 용돈 등을 더하면 훨씬 더 많은 돈이 필요하고, 스펙 쌓기, 취업 준비 등에 들어가는 돈까지 감안하면 어마어마한 돈이 필요하다는 것을 알 수 있습니다. 대학 졸업장 하나가 아무리 적게 잡아도 5,000만 원은 넘어 보입니다.

우리나라에서는 대학을 '상아탑'이라고 합니다. 코끼리의 송곳니(Ivory)가 길게 솟은 것처럼, 열심히 학문을 닦아 우뚝 서라는 의미 같습니다. 그런데 옛날에는 대학을 상아탑이 아니라 '우골탑(牛骨塔)'이라고 불렀습니다. 우리나라가 가난했던 시절에, 큰아들 하나라도 잘 키워 대학에 보내고자 했던 농촌의 부모들은 아들의 대학 등록금을 마련하기 위해 집안의 생계가 달린 가족 같은 소를 팔 수밖에 없었죠. 그 당시의 아픔을 그린 한돌의 〈소〉라는 노래가 있는데, 한번 들어 보십시오. 서울 간 아들에게 돈을 주기 위해 소를 팔려고 시골장으로 데려가는데, 소는 가지 않으려고 떼를 쓰는 장면을 떠올려 보십시오.

소는 진짜 착한 동물입니다. 살아서는 주인을 위해 온갖 고생을 다 하고, 죽어서는 제가 가진 모든 것을 다 주고 갑니다. 그래서 어느 시인은 "소는 버릴 게 하품밖에 없다"라고 말했습니다. 옛날에는 농기계가 발달하지 못해, 소가 일을 다 했습니다. 하루 종일 논, 밭을 갈고, 구루마 끌어 짐 나르고…. 소는 짐승 이전에, 한집에 사는 충실한 머슴이고, 함께 사는 식구였습니다. 〈워낭소리〉라는 가슴 저미는 다큐 영화를 보십시오. 그런 소나 송아지를 아들 등록금을 위해 팔 수밖에 없었던 그 주인은 얼마나 가슴이 아팠을까요? 그런데 요즘은 대학 등록금이 비싸서 감당하기 힘든데 팔 '소'도 없는 부모들도 있습니다.

■ 자녀 1명당 양육비용

자녀 1명 키우는 데 돈은 얼마나 될까요? 보건사회연구원에서 발표한 자료에 따르면, 2018년 월평균 자녀 양육비는 자녀가 1명일 때 73만 3천 원, 2명일 때 137만 6천 원, 3명일 때 161만 9천 원이었습니다. 여기서 말하는 양육비는 자녀에게 직접 지출한 어린이집·유치원 이용료, 돌봄 비용, 공교육비, 사교육비 등이 포함된 금액입니다. 자녀 1명에 대해 한 달에 73만 3천 원이 드니까, 1년이면 약 800만 원, 자녀가 대학을 졸업할 때까지 22년이면 약 2억 원입니다. 그런데 사실은 이보다 훨씬 많이 들지 않습니까?

※ 자녀 양육비(출처: NH투자증권 100세 시대 연구소)

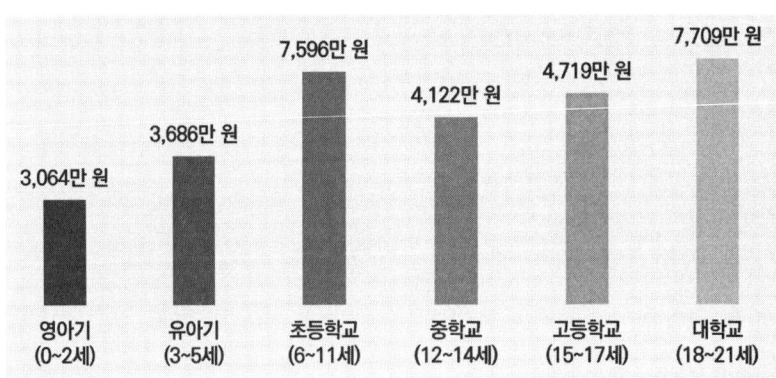

2017년 NH투자증권 100세 시대 연구소가 추산한 자녀 양육비는 3억 9,670만 원이었습니다. 자녀가 대학 졸업을 할 때까지 22년간 들어가는 비용인데, 2006년 2억 3천여만 원에서 2009년 2억 6천여만 원으

로 늘었고, 2012년에는 3억 원을 넘어섰으며, 2017년에는 4억 원에 육박한다는 예상이었습니다. 10년 만에 2배 가까이 증가한 셈이죠. 그런데 이것도 벌써 4년 전 이야기라, 그 비용은 더 커졌고, 상승세는 더욱 가팔라졌을 것으로 보입니다.

■ 교육이 자녀의 미래를 결정

부모와 자식 간의 정(情)을 천륜(天倫)이라고 합니다. 하늘이 맺어 준 인연이라 끊을 수가 없다는 뜻이죠. 부모는 자식을 낳고 진자리 마른자리 갈아 뉘어 가며 정성을 다해 키웁니다. 그럼에도 불구하고 돈이 없으면 나중에 자식에게 원망을 듣기 쉽습니다. 자식에게는 신체적 성장 못지않게 정신적 성장이 필요합니다. 그 밑바탕이 되는 것이 교육인데, 교육에는 많은 돈이 필요하고, 그 금액은 갈수록 커지고 있습니다. 자녀의 성장단계에 맞춰 교육에 필요한 돈을 계산해 보고, 교육비 마련을 위한 저축을 해 나가야 되겠습니다.

11
부모의 눈물로 올리는 웨딩마치?

살아가면서 가장 어렵고 힘든 선택 중 하나가 결혼입니다. 결혼이 쉽다면 아마 TV 여러 채널에 나오는 연속극이나 아침드라마 대부분은 문을 닫아야 할 것이고, 많은 주부들이 무료함에 치를 떨게 될 것입니다. 결혼은 집안, 학력, 재력, 인물, 사주팔자 같은 온갖 것들을 내놓고 벌이는, 결전의 장이자 양보와 화합 또는 냉정한 결별의 장이기도 합니다.

결혼은 당사자들만 좋다고 되는 일이 아닙니다. 결혼을 반대하는 못된 시어머니들의 공용어는 "내 눈에 흙이 들어가기 전까지는 안 된다"입니다. 상대방 집안이나 사랑하는 사람들 가슴에 비수를 꽂는 말이어서, 상처가 매우 크고 후유증도 오래갑니다. 이 말에 베이면, 후시딘이나 마데카솔로는 치료가 안 됩니다. 결혼은 '기회비용'이 매우 크다고 할까요?

기회비용은 어떤 것을 함으로써 다른 것을 포기하는 데 따른 비용을 말합니다. 어떤 사람과 결혼을 했을 때의 기회비용은, 다른 사람과 결혼했을 때 얻을 수 있는 이점을 포기하는 만큼이 됩니다. 그런 기회비용의 개념을 잘 표현한 것이 미국의 시인 프로스트의 〈가지 않은 길〉이라는 시입니다. 프로스트는 그 시에서 '노란 숲속에 두 갈래 길이 있었는데, 두 길을 다 갈 수가 없어, 사람이 적게 간 길을 선택했고, 그것 때문에 모든 것이 달라졌다'고 말합니다.

■ 천차만별인 결혼비용

결혼비용은 얼마나 들까요? 몇 년 전, 어떤 방송인의 결혼식에서는 1인당 12만 원짜리 식사에 식대만 1억 원 이상, 딱 한 번 입는 웨딩드레스가 2,500만 원에, 5단 웨딩케이크 등을 합쳐 1억 3천만 원 이상이 들었다고 합니다. 신혼집 마련 비용, 상대편 집에 보내는 예물이나 주고받는 패물, 신혼여행 비용 등을 더하면 어마어마한 돈이 들었을 것입니다.

그런 결혼식에 참석해 본 적이 있습니다. 마침 그날이 회사에서 봉사활동을 하는 날이어서, 기초 생활비 25만 원에다 가끔 공공근로에 참여해서 버는 돈을 합쳐 몇십만 원도 안 되는 돈으로 한 달을 사는 할머니 댁에서 봉사활동을 하고 결혼식에 갔습니다. 강남의 유명 호텔에서 하는 결혼식에, 하객들에게 내놓은 음식도 인당 10만 원은 넘어 보였습니다. 비싼 음식을 먹으면서도 마음이 몹시 씁쓸했습니다.

보통 사람들이 결혼하는 데는 돈이 얼마나 들까요? 웨딩 컨설팅 업체 듀오에서 최근 2년 이내 결혼한 1,000명을 대상으로 실시한 조사 결과에 따르면, 신혼부부 한 쌍이 결혼자금으로 지출하는 금액은 평균 2억 3,186만 원이었고, 그중에 주택자금이 1억 7,053만 원으로 73.5%를 차지했습니다. 주택자금을 빼고도 6,133만 원이나 들었다는 것을 알 수 있습니다. 결혼비용이 늘다 보니 결혼을 기피하는 젊은이들이 늘고 있습니다.

※ 결혼비 품목별 지출비용(출처: 듀오)

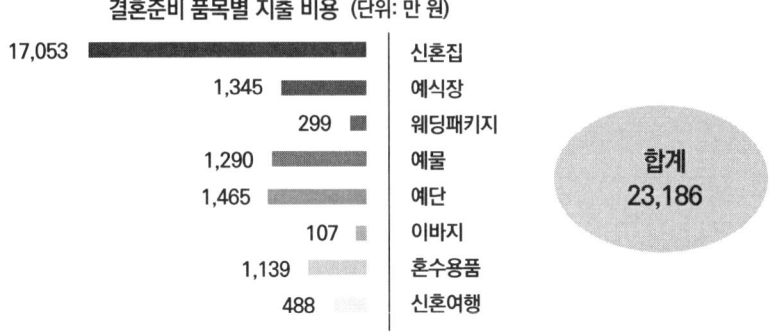

■ 결혼을 기피하는 이유

여성가족부에서 발간한 '2019 통계로 보는 여성의 삶'에 따르면, 결혼을 해야 한다고 생각하는 비율은 여성 43.5%, 남성 52.8%였습니다. 남성도 마찬가지지만, 특히 여성들 중에서 결혼을 해야 한다고 생각하는 사람들이 자꾸 줄고 있습니다. 1998년도 67.9%에서 2008년 61.6%, 2019년 43.5%로 20여 년 만에 거의 25%나 줄었습니다.

왜 결혼을 기피할까요? 취업난과 청년 부채, 집값 상승 등 경제적 이유가 가장 큽니다. 출산율 감소 탓도 있지만, 결혼하는 젊은 세대는 꾸준히 감소하고 있습니다. 통계청 '인구동향'에 따르면, 2020년 4월 혼인건수는 전년 동기 대비 4,356건(21.8%)이나 감소한 1만 5,670건으로, 통계를 작성하기 시작한 1981년 이후 최대의 감소세를 기록했습니다.

※ 최근 3년 전국 월별 혼인 추이(출처: 여성가족부)

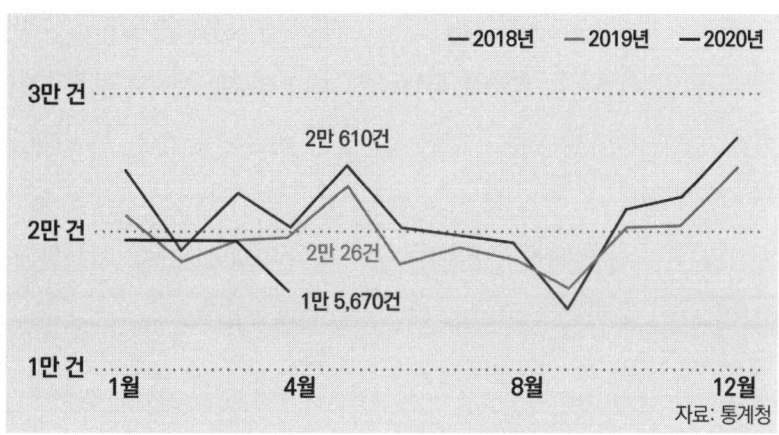

반면, 여성 1인가구는 2019년 291만 4천 가구로 2000년 대비 2.2배나 증가했습니다. '결혼을 꼭 해야 한다'라는 생각도 없는 여성들이 많아진 데다, 주거문제, 결혼비용, 육아비용 등 경제적인 문제가 젊은 세대의 결혼을 가로막고 있습니다. 연애는 사랑만으로 충분할지 모르지만, 결혼은 생활입니다. 어쩌면, '초라한 더블보다 화려한 싱글'을 택해, 결혼에 따른 기회비용을 줄이고자 하는 그들의 생각이 더 옳은 것 같기도 합니다.

■ 자녀 결혼비용 마련을 위한 저축의 필요성

결혼비용 증가추세를 보면 3억이 넘어갈 날이 머지않았습니다. 양쪽 집에서 반씩 부담해도 1억 5천만, 자녀가 둘이면 어차피 3억은 필요할 것 같습니다. 자녀 결혼비용과 관련하여 가장 큰 문제는 자녀의 결혼 시점이 부모의 은퇴 시점과 겹친다는 점입니다. 자녀 결혼비용을 계획적으로 준비하지 못하면, 부모의 노후생활이 힘들어집니다.

자녀들도 제 나름의 준비를 하겠지만, 이미 은퇴를 했거나 은퇴 시점에 다가오는 부모 입장에서 3억은 적은 돈이 아닙니다. 자녀 결혼비용이 부족해 대출이라도 받게 되면 그 결혼식은 '부모의 눈물로 울리는 웨딩마치'가 되기 쉽습니다. 자녀들이 어려서부터 자녀 결혼비용 목적의 통장을 만들어 계획적으로 저축을 해 나가야 하겠습니다.

굳이 비싼 예식장을 고집할 필요도 없습니다. 일반 예식장 대비 1/4밖에 안 되는 500만 원 정도의 돈만 들여 서울시청에서 결혼식을 올리고, 축의금도 받지 않고, 예식장비 아낀 돈을 자신들이 일하는 병원과 학교에 기부하기로 한 젊은이들도 있습니다. 소박하지만 의미 있는 곳을 택하면, 부모도 살고 자식도 사는 결혼식이 되지 않을까 싶습니다.

12
노후에는 준비할 수 없는 것이 노후준비

　노후에는 돈이 얼마나 필요할까요? 그것은 한 달에 얼마를 쓸 것인지, 또, 언제까지 살 수 있는지에 따라 달라집니다. 2020년 국민기초생활보장법에 따른 1인가구의 중위소득은 175만 7,194원이고, 최저생계비는 중위소득의 60%인 105만 4,316원입니다. 이 최저생계비를 기초로 한 1년치 생활비는 1,265만 1,792원입니다. 혼자 살아도 그 정도는 있어야 한다는 것이죠. 그 돈이 10년이면 1억 2,650만 원, 20년이면 2억 5,300만 원입니다.

■ 수명연장에 따라 급증하는 노후생활비

　2010년 잡코리아에서 2030 젊은 세대들을 대상으로 노후준비와 관련된 설문조사를 실시했습니다. '노후 월 생활비로 얼마 정도가 있으면 되겠냐'고 물었더니 나온 평균 금액이 181만 원이었습니다. 2010년 당시 기대수명이 79.6세였으니까, 60세에 퇴직해서 기대수명까지 산다면 20.6년을 살게 되는 것이고, 거기다 월 노후생활비 181만 원을 곱하면 총 필요 노후자금은 4억 4,743만 원이 됩니다. 사실 이것도 엄청나게 많은 금액이죠.

※ 기대수명에 따른 예상 월 생활비(출처: 잡코리아)

연도	2010	2020	2030	2040	2050
기대수명	79.6세	81.5세	83.1세	84.6세	86세
수명연장	-	1.9년	3.5년	5년	6.4년
생활기간 (60세부터)	20.6년	22.5년	24.1년	25.6년	27년
생활비 누계	44,743만	48,870만	52,345만	55,603만	58,644만

그리고 2020년이 되면 기대수명이 1.9세가 더 늘어 81.5세가 될 것으로 예상되어 2020년부터 노후생활을 시작하는 사람은 2010년에 노후생활을 시작한 사람보다 1.9년치의 노후생활비를 더 준비해야 하고, 총 필요 노후자금은 4억 8,870만 원에 달할 것으로 예상되었습니다. 기대수명이 늘어나는 만큼 필요 노후자금도 늘어나는 것이 당연한 일이었죠.

그런데 문제는 기대수명의 증가 속도가 2010년 예상한 것보다 훨씬 빠르다는 것입니다. 2010년 당시 2020년 예상 기대수명은 81.6세였는데, 실제로는 2020년이 오기 훨씬 전인 2014년에 이미 기대수명이 82.4세에 이르렀고, 2019년 기대수명은 83.3세가 되었습니다. OECD

국가들 평균 기대수명보다 남자는 2.2년, 여자는 2.9년이 더 깁니다. 우리나라는 이미 '장수 국가'입니다. 기대수명이 늘어나고 기대수명의 증가 속도도 빨라진 만큼, 노후생활비의 규모도 빠르게 늘어나고 있습니다.

※ 기대수명 추이(출처: 통계청)

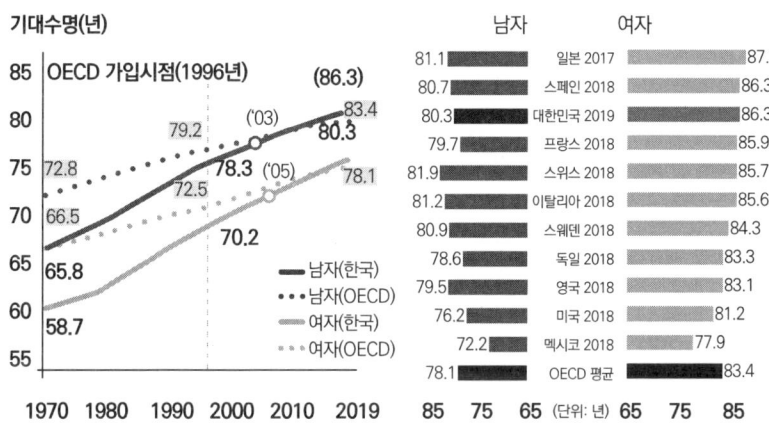

■ 노후에 또 하나의 부담은 의료비

노후생활비 중 가장 많은 부분을 차지하는 것이 의료비입니다. 100세 시대와 유병장수 시대가 동시에 도래하면서 노인 1인당 노인 의료비도 매년 증가하고 있습니다. 생명보험협회의 노인 진료비 현황에 따르면, 2019년 노인 1인당 평균진료비는 연간 491만 원으로 전체 인구 1인당 평균진료비 168만 원에 비해 약 3배나 많았습니다.

※ 65세 이상 노인 진료비(출처: 생명보험협회)

(단위: 천 명, 천 원)

구분	2015년	2016년	2017년	2018년	2019년
전체인구(천 명)	50,490	50,763	50,941	51,072	51,391
65세 이상 인구	6,223	6,445	6,806	7,092	7,463
65세 이상 진료비	222,361	252,692	283,247	318,235	357,925
노인 1인당 연평균 진료비	3,620	3,983	4,255	4,568	4,910
전체 1인당 연평균 진료비	1,149	1,275	1,391	1,528	1,681

* 건강보험심사평가원, 「2019 건강보험통계연보」 (2020.11.13.)

연평균 노인 진료비 491만 원을 열두 달로 나누면 매월 41만 원, 부부 기준 82만 원입니다. 노인가구 소득은 얼마나 될까요? 2020년 12월 통계청의 '가계금융복지조사'에서 65세 이상 가구의 처분가능소득은 월평균 227만 원 수준입니다. 그중에 의료비가 82만 원이라면 36%가 넘습니다. 월 생활비의 많은 부분을 의료비에 쓰고 있는 것이죠.

부부 둘만 사는 노인가구라면 연간 의료비만 982만 원이 필요합니다. 높은 의료비 부담은 노후의 경제적 빈곤을 가중시키는 요인으로 작용합니다. 2018년 OECD 주요 국가 노인빈곤율은 14.8%인 반면, 우리나라는 43.8%입니다. OECD 국가들의 노인 100명 중 약 15명이 가난하다면, 우리나라는 거의 절반 가까운 노인들이 가난하다는 말이 됩니다.

■ 계획적인 미래로의 송금의 필요성

노후 기간은 늘어나고, 의료비를 포함한 노후생활비는 계속 증가하고 있습니다. 거기다 물가상승률까지 감안하면 노후에 필요한 생활비는 더욱 커집니다. 노후에는 소득은 없거나 줄어들 것이 뻔한데, 노후생활비 부담은 급격하게 늘어나고 있습니다. 100세 시대는 노후의 가난과 질병을 이겨야 가능합니다. 어떻게 해야 할까요?

돈이 사람보다 오래 살아야 합니다. 갈수록 기대수명은 늘어나고 있습니다. 기대수명을 90세 정도로 잡고 노후자금을 준비했는데, 100세까지 살게 되면 큰일입니다. 적어도 기대수명보다는 오래 살 거라는 생각을 가지고 노후자금을 준비해야 합니다. 확실한 사실은 '노후에는 준비할 수 없는 것이 노후준비'라는 것입니다. 젊어서부터 노후를 위한 구체적인 계획을 세우고, '나의 미래로의 송금'을 계속해야 하겠습니다.

03
저축의 기초

13
가장 위험한 것은
목표가 없이 사는 것

　세상에서 가장 위험한 일은 무엇일까요? 그것은 바로 '목표가 없이 사는 것'입니다. 목표는 삶을 이끄는 동력입니다. 학교나 학생을 차별하는 말은 아니지만, 서울대를 목표로 하는 학생과 '인(In) 서울'을 목표로 하는 학생은 공부하는 자세가 다릅니다. 서울대를 목표로 공부하면, 수능시험에서 약간의 실수를 하더라도 최소한 연고대는 갈 수 있습니다, 막연하게 '인 서울'을 목표로 하는 학생은 자칫하면 지방대밖에 못 갈 수도 있습니다.

■ 목표는 크게 잡자

　목표는 크고 원대하게 세우는 것이 좋습니다. 공부든 일이든 '목표의 크기만큼' 하게 되기 마련입니다. 서울대를 목표로 하는 학생은 서울대에 갈 수 있을 만큼 공부를 하게 되고, '인 서울'을 목표로 하는 학생 또한

'인 서울' 할 수 있을 정도로 공부하기 마련입니다. 대기업에서 임원을 목표로 하는 사람은 업무능력은 물론 인간관계 등 제반 부분에서 실력을 갖추기 위해 노력하지만, 일반 직장인 중에는 시간을 때우고 월급을 받는 데 만족하는 사람도 많습니다. 목표가 다르다 보니 일하는 자세가 다른 것이죠.

목표를 가지려면 어떻게 해야 할까요? 민사고에 가 보면 정문에 '이순신' 장군과 '정약용' 선생의 동상이 서 있습니다. 우리나라를 구한 가장 위대한 사람과, 우리나라 역사상 가장 천재라 불리는 사람 두 분의 동상을 보며, 민사고 학생들은 나도 저런 사람이 되어야지 하는 꿈을 갖게 될 것입니다. 만약 우리 아이를 민사고에 보내야 되겠다는 생각이 있는 학부모라면, 주말에 아이를 데리고 횡성에 있는 민사고로 달려가, 동상 앞에 아이를 세우고 사진을 찍고 그것을 액자에 넣어 아이 책상 앞에 놓아 주어도 좋을 것입니다. 그것을 보며 아이는 '나는 몇 년 후에 꼭 저기 있을 거야'라는 목표를 갖게 될 테니까요.

재테크를 할 때도 마찬가지입니다. 재테크의 출발점 역시 '목표'를 세우는 것입니다. 돈을 '많이' 벌겠다는 막연한 목표보다는 '좋은 목표'를 세워야 합니다. 좋은 목표는 구체적이고(Specific), 측정할 수 있고(Measurable), 열심히 노력하면 달성이 가능하고(Achievable), 결과지향적이고(Result-oriented), 달성 기한이 정해진(Time based) 목표입니다. 이를 영어 단어의 앞 자만 따서 '스마트(SMART)한 목표'라고 합니다.

■ 종잣돈 1억 모으기 목표

재테크를 시작하는 입장에서 좋은 목표는 '종잣돈 모으기'입니다. 종잣돈은 재테크의 밑거름이 되는 돈을 말합니다. '돈이 돈을 번다'는 말이 있습니다. 종잣돈이 많을수록 투자할 수 있는 기회도 많아지고, 더 큰돈을 벌 수 있는 것이죠. '눈덩이 효과(Snowball Effect)'라고, 산 위에서 눈덩이를 뭉쳐서 밑으로 굴리면 눈덩이가 굴러가면서 더 크게 불어나듯이, 재테크를 할 때도 처음에는 일정액의 돈을 뭉치는 것이 필요한데 그게 바로 '종잣돈(Seed Money)'입니다. 그럼 종잣돈은 얼마를 목표로 하는 것이 좋을까요?

요즘은 전셋집 하나 얻으려 해도 몇억씩이나 필요해 그야말로 '억 소리 나는 세상'이 되었습니다. 과거에는 '연봉 1억'은 '꿈의 연봉'이라고 불렸지만, 이제 별로 크지 않다는 느낌이 듭니다. 서울시 신축 아파트 평균 가격이 14억 원에 육박하고, 서울시 평균 집값도 10억이 넘었다고 합니다. 연봉 1억을 받아서 한 푼도 안 쓰고 저축을 해도 집 한 채 마련에 10년 이상 걸린다는 말이 되니, 요즘 1억은 돈도 아닌 것 같습니다.

하지만 '1억'은 과거에도 그랬고, 현재도 그렇고, 미래에도 큰돈입니다. 재테크를 시작하는 사람이라면 누구나 목표로 삼고 도전하기에 좋은 금액입니다. 1억은 있어야 부동산에 가서 문의라도 해 볼 수 있고, 1억은 있어야 창업의 꿈이라도 말해 볼 수 있으며, 1억은 있어야 투자를 해서 10억, 20억으로 가는 다리를 만드는 꿈이라도 꿀 수 있으니까요. 1억은 나도 할 수 있다는 희망을 주고, 달성했을 때 성취감을 느끼기에도 적합한 금액입니다. 스마트한 목표로서 '종잣돈' 1억은 도전해 볼 만한 가치가 있습니다.

■ 목표를 세우고 꼬리표를 붙이자

경제는 좋았다 나빴다 반복을 합니다. 그런 가운데 위기의 순간도 있지만, 기회의 순간도 있습니다. 최근 10여 년만 보더라도 재테크 시장에는 다양한 기회가 있었습니다. 주식, 부동산, 창업 등 많은 기회가 있었죠. 그중에 부자의 기회를 잡은 사람들은 그 기회에 투자할 수 있는 종잣돈을 가지고 있던 사람들입니다. 종잣돈을 총알이나 실탄에 비유하기도 합니다. 총알이 없이 사냥에 나설 수는 없는 일입니다.

재테크의 목적이 내 집 마련이든, 자녀교육이든, 노후자금이든, 자동차 구입이든, 해외여행이든, 나만의 종잣돈 목표를 세우고, 통장을 만들고, 꼬리표를 붙여 보십시오. 그리고 각 목표마다 달성 가능한 기간과 매달 적립액 등을 체크해 보고, 하나씩 그 기간 안에 꼭 성취할 수 있도록 노력하십시오. 부자로 가는 길이 가까워집니다.

14
종잣돈 1억 세는 것보다 버는 것이 빠르다

10여 년 전 방영되었던 드라마 〈시티홀〉은 정치에 환멸을 느껴 정치를 도외시했던 사람들에게 정치는 '국민의 삶을 정성껏 치유하는 것'이라는 메시지를 던지며 정치가 얼마나 중요한 것이고 현실적인 것인지 알려 주었습니다. 그 드라마에서 차승원은 유세장에 나온 시민들에게 '1억을 버는 게 빠를까요, 세는 게 빠를까요'라고 묻습니다. 시민 중 누군가가 '그야 당연히 1억을 세는 것이 빠르다'고 하자 이렇게 말합니다.

■ 1억 세는 것이 빠를까?

"1억을 1초에 하나씩, 밥도 안 먹고, 잠도 안 자고, 연애도 안 하고 하루 24시간 센다고 가정해 봅시다. 하루는 24시간, 1,440분, 86,400초. 1억을 하루 86,400초로 나누면 약 1,157일, 월을 기준으로 하면 약 39개월, 년을 기준으로 하면 약 3년 2개월, 꼬박 3년 2개월을 1초에 하나씩 세야 1억을 셀 수 있습니다. 그런데 사람이 24시간 숫자만 셀 수 있습니까? 천 단위 넘어가면 과연 1초에 하나씩 셀 수나 있을까요? 그럼 2초로 잡으면 7년이 넘고, 3초로 잡으면 10년이 넘게 걸립니다. 다시 묻겠습니다. 1억을 버는 게 빠를까요, 세는 게 빠를까요?"

그리고 그는 '여러분 지금 1억 있느냐?', '10년을 개미처럼 일하고, 20년을 알뜰살뜰 저축해도, 30년을 안 쓰고 안 입고 아등바등거려도, 세는 거보다 버는 게 빠른, 그 같잖은 1억이 왜 여러분 수중에 없느냐?'며 '정치가 바뀌어야 당신의 삶이 바뀌고, 당신의 삶이 바뀌어야 당신 아이들의 삶이 바뀐다'고 말하며 자신을 지지해 줄 것을 호소합니다.

드라마에서 차승원이 말한 1억은 그 시대 부(富)의 기준이 되었던 상징적인 숫자입니다. 10년, 20년, 30년 열심히 살았으면 그 정도는 당연히 모았어야 할 금액입니다. 그러나 1억 모으기가 그리 쉽던가요? 대기업에 다니며 월급을 많이 받는 사람도 이것저것 제하고 나면 실수령액은 얼마 안 되는 것 같고, 자녀들 키우며, 인격 관리하며, 사람 노릇 하며 살다 보면 1년에 1천만 원 모으기도 쉽지 않아 1억은 너무 멀리 있어 보입니다. '1억을 세는 것보다 버는 게 빠르다'는 이야기는 말장난으로 들립니다.

■ 꿈이 아닌 종잣돈 1억

그런데 막연해 보이는 1억도, 금리와 기간을 활용해 쪼개 보면 가능성이 보입니다. 1년에 1억을 모으려면 매달 약 830만 원, 5년에 모으려면 매달 약 160만 원, 10년에 모으려면 매달 78만 원, 20년에 모으려면 매달 약 37만 원 정도를 저축하면 됩니다. 만약 금리를 더 높게 잡으면, 이자가 늘어나 매달 저축해야 할 금액은 더 줄어들게 됩니다. 시간을 가지고 계획적으로 저축을 하면 1억 모으기가 불가능한 일이 아니라는 것을 알 수 있습니다.

※ 1억 모으기: 연 복리 1.5% 기준

기간	월납입액	원금	이자	세후이자
1년	8,276,183	99,314,196	810,643	685,804
3년	2,723,706	98,053,416	2,300,927	1,946,584
5년	1,613,328	96,799,680	3,782,884	3,200,320
7년	1,137,537	95,553,108	5,256,374	4,446,892
10년	780,807	93,696,840	7,450,544	6,303,160
15년	503,560	90,640,800	11,062,884	9,359,200
20년	365,138	87,633,120	14,618,061	12,366,880
30년	227,141	81,770,760	21,547,565	18,229,240

더 희망적인 것은, 저축 기간이 늘어날수록 매달 저축해야 하는 금액과 납입총액이 줄어든다는 것입니다. 1년에 1억을 모으려면 총 9,300만 원을 저축해야 하지만, 30년에 모으려면 8,200만 원 정도면 됩니다. 저축 기간이 길수록 이자가 더 많이 붙기 때문이죠. 소득이 적어도 꾸준히 저축하면 1억은 더 이상 먼 꿈이 아닙니다.

1년 만에 1억을 모아 책을 쓴 사람도 있습니다. 아내가 사기를 당해 집을 팔고도 큰 빚을 지게 된 그는 '1억 모으기 프로젝트'를 시작했습니다. 매달 월급의 85% 가까운 돈을 악착같이 저축하고, 평생 써 본 적 없는 가계부를 작성하고, 중고 물건을 팔아 부수입을 올리고, 글쓰기, 걷기, 독서 등을 통해 돈이 들지 않는 라이프 스타일을 만들었습니다. 그 과정이 결코 쉽지 않았지만, 1년 만에 1억 원을 모았고, 그 과정에서 어려운 고비를 넘길 때마다 가족 간의 유대감이 깊어지고, 스스로 성장해 간다는 느낌까지 얻었다고 합니다.

■ 나를 바꾸는 게 빠르다

1억은 30년 전에도 큰돈이었고, 30년 후에도 적지 않은 돈입니다. 항상 빠듯한 소득을 생각할 때 현실적으로 1억 모으기가 쉽지 않아 보이지만 불가능하지는 않습니다. '태산이 높다 하되 하늘 아래 뫼'이고, 오르고 또 오르면 못 오를 리 없습니다. 물가상승률 따지고 돈의 가치 하락 따지는 것은, 저축할 의지가 없거나, 저축을 못하는 핑계를 찾는 것에 불과합니다. 포도가 너무 높이 있어 먹기 어려워 보이니까, 포도가 덜 익었다고 자위하며 돌아서는 이솝 우화 속의 여우처럼 살다 보면, 1억 모으기는 항상 남의 일입니다.

플라톤은 "정치를 외면한 가장 큰 대가는 나보다 못한 저질스러운 인간들에게 지배당하는 것"이라고 했습니다. 드라마에서 차승원의 말처럼 내 삶에 직접적인 영향을 미치는 정치에 관심을 가져야 합니다. 그런데 그보다 먼저 할 일이 있습니다. 암울한 정치를 바꾸기보다, 답답한 나를 바꾸는 것이 더 빠릅니다. 지금 당장 종잣돈 1억의 목표를 세우고, 저축에 나서는 것은 어떨까요?

15
금리를 알아야
부(富)의 미래가 보인다

종잣돈을 모으기 위해 저축에 나서기 전 반드시 알아야 할 금융지식이 몇 가지 있는데 그 첫 번째가 금리입니다. 금리를 한마디로 말하면 '돈의 가격'입니다. 은행에서 1,000만 원을 금리 5%로 1년 동안 빌리면, 1년 후 원금 1,000만 원에 5%(50만 원)의 이자를 더해 1,050만 원을 갚아야 합니다. 이때 금리는 돈을 빌린 사람이 돈을 빌려준 사람에게 자금을 빌려준 데 대한 대가로 지급하는 이자금액 또는 이자율을 뜻합니다.

금리는 어떻게 결정이 될까요? 고구마 값이 비싸다 보니 농민들이 너도나도 고구마를 심어 고구마의 출하량이 대폭 늘어나면 고구마 값은 내려가게 됩니다. 그런데 풍수재해가 생겨 고구마의 생산량이 대폭 줄어들면 고구마 값은 폭등하게 됩니다. 요즘처럼 시중에 돈이 많이 풀려 돈을 빌릴 수 있는 곳이 많아지면 금리는 내려가고, 돈이 말라 빌려줄 곳이 줄어들면 금리는 오르게 됩니다. 현물시장과 마찬가지로 금융시장도 '수요와 공급의 법칙'에 따라 움직이고 있습니다.

■ 단리와 복리

　금리는 내 돈을 살찌우는 비료입니다. 은행에 저축을 한다는 것은 내 돈을 은행에 빌려주는 것과 같습니다. 은행은 내 돈을 사용한 대가를 나에게 지불합니다. 우리가 흔히 말하는 '이자'가 그것이죠. 은행이 나에게 이자를 주는 방식에는 크게 두 가지가 있습니다. '단리'와 '복리'입니다. 단리는 원금에 대해서만 이자가 붙는 방식이고, 복리는 이자에 이자가 붙는 방식입니다. 일반적으로 은행에 매달 얼마씩 '적금'을 하면 단리 방식의 이자를 지불하고, 일정액의 큰돈을 빌려주는 형태인 '예금'을 하면 복리 방식의 이자를 지불합니다. 여기서도 빨리 종잣돈 혹은 목돈을 모아야 한다는 것을 알 수 있습니다.

　단리를 수식으로 표현하면 '원리금(원금과 이자)의 합계 = 원금 × (1 + 이자율 × 기간)'이 됩니다. 예를 들어, 1,000만 원을 단리 10% 이자를 주는 상품에 예금을 하면, 1년 후 원리금은 원금 1,000만 원에 이자가 100만 원(1,000만 원 × 10% × 1년) 붙어 1,100만 원이 됩니다. 2년 후에는 원금 1,000만 원에 이자 200만 원(1,000만 원 × 10% × 2년)이 되고, 3년 후에는 1,300만 원, 4년 후에는 1,400만 원으로, 100년이 되든, 1,000년이 되든 매년 똑같이 이자가 100만 원씩만 더 늘어나는 구조입니다.

※ 단리와 복리의 차이: 금리 10% 기준

기간	1년	2년	3년	4년	5년	6년	7년	8년	9년	10년
단리 10%	1,100	1,200	1,300	1,400	1,500	1,600	1,700	1,800	1,900	2,000
복리 10%	1,100	1,210	1,331	1,464	1,611	1,772	1,949	2,144	2,358	2,594
차이	-	10	31	64	111	172	249	344	458	594

복리를 수식으로 표현하면 '원리금의 합계 = 원금 × (1 + 이자율)^기간'이 됩니다. 1,000만 원을 복리 10%를 주는 상품에 예금하면 1년 후 원리금은 1,100만 원으로 단리와 똑같습니다. 그러나 2년 차에는 1,000만 원에 대한 이자가 아니라, 1년 차 원리금의 합계 1,100만 원에 대한 이자가 붙어 1,210만 원이 되고, 3년 차에는 2년 차 원리금의 합계 1,210만 원에 대한 이자가 붙어 1,331만 원이 되며, 4년 차에는 1,464만 원, 5년 차에는 1,611만 원으로 늘어나게 됩니다.

■ 단리와 복리의 차이

단리와 복리의 이자 차이는 금리가 높을수록, 저축 기간이 길수록 늘어납니다. 원금이 두 배 되는 기간을 계산해 보면, 단리는 '100 ÷ 금리의 법칙'이 적용됩니다. 예를 들어 10%의 단리의 예금 상품에 1억 원을 예치할 경우, 원금의 두 배인 2억이 되는 데 걸리는 시간은 10년(100 ÷ 10%)입니다. 그러나 복리에는 '72의 법칙'이 적용되어, 금리가 10%인 상품이라면 2억이 되는 데 걸리는 시간은 7.2년(72 ÷ 10%)에 불과합니다.

※ 원금이 2배 되는 데 걸리는 시간: 금리 10% 기준

기간	1년	2년	3년	4년	5년	6년	7년	8년	9년	10년
단리 10%	1.10	1.20	1.30	1.40	1.50	1.60	1.70	1.80	1.90	2.00
복리 10%	1.10	1.21	1.33	1.46	1.61	1.77	1.95	2.14	2.36	2.59

　복리의 힘과 관련하여 많이 이야기되는 것이 미국의 뉴욕주에 위치한 '맨해튼 섬'입니다. 1626년, 네덜란드 동인도 회사의 총독이었던 피터 미누이트는 인디언들에게 24달러어치의 유리구슬과 장신구를 주고 맨해튼 섬을 구입했습니다. 인디언들이 어리석었다고 놀리는 사람들이 많지만, 그 당시 인디언들은 상당히 만족했던 것 같습니다. 그런데 만약에 인디언들이 그 24달러를 지금까지 390년 동안 연 복리 8%로 운용을 했다면 얼마나 될까요? 약 260조 달러가 되어 다시 맨해튼 섬을 모두 사고도 돈이 남게 됩니다. 그만큼 복리의 힘은 무섭습니다.

■ 복리의 힘을 활용하자

　아인슈타인은 "우주에서 가장 강력한 힘은 복리이고, 인류가 발견한 가장 위대한 법칙 중 하나가 복리"라고 하면서 복리를 '세계 8대 불가사의'라고 말했습니다. 그리고 세계적인 펀드매니저 피터 린치는 "복리의 힘을 믿어라"라고 했습니다. 피터 린치는 13년 동안 매년 평균 29.2%의 수익률, 누적 수익률 2,700%를 기록하며, 1972년 2,200만 달러에 불과했던 마젤란펀드를 세계 최대의 뮤추얼 펀드로 키워 낸 사람입니다.

요즘처럼 저금리 시대에는 복리의 효과가 발휘되기 어렵습니다. 그럼에도 불구하고, 복리의 힘은 살아 있습니다. 지금은 작지만 나중에는 큰 차이를 만들어 내는 복리의 마법은 시대를 초월해 유효하기 때문입니다. 복리의 효과를 높이는 한 축인 높은 '금리'는 기대할 수 없지만, 다른 한 축인 '기간'은 활용할 수 있습니다. 저금리 시대일수록 인내심을 가지고 시간에 투자해야 하겠습니다.

16
내 돈은
언제 두 배가 될까?

    어떤 빵 가게 주인이 밀가루 1만 원어치를 사서 맛있는 빵을 만들어 10만 원에 팔면 9만 원의 새로운 가치가 창출됩니다. 이처럼 경제 주체가 열심히 생산활동을 한 결과, 생산물의 원래의 가치 위에 더해진 새로운 가치를 '부가가치'라고 하는데, 한 나라 안에서 가계나 기업, 정부 등 모든 경제 주체가 일정 기간 동안 생산한 물건과 서비스의 부가가치를 시장가격으로 평가하여 합산한 것을 '국내총생산(Gross Domestic Product, GDP)', 그것을 국민들 숫자로 나눈 것을 '1인당 국민소득'이라고 합니다.

    2021년 현재 우리나라의 경제 규모(GDP)는 약 2천조 원에 달하고, 달러로 환산한 1인당 국민소득은 3만 달러가 넘습니다. 동족상잔의 아픔과 모든 것이 폐허가 된 상처를 딛고 짧은 기간 동안 우리나라의 경제력이 급격하게 커졌다는 것을 알 수 있는데, 한 나라의 경제가 성장하는 속도를 '경제성장률'이라고 합니다. 경제성장률은 일정 기간 동안 한 나라의 경제 규모가 얼마나 성장했는지 알려 주는 지표입니다.

※ 우리나라 GDP 추이(출처: 통계청)

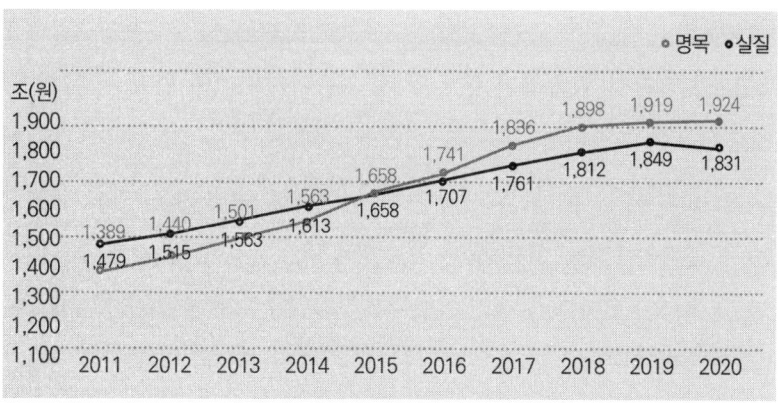

올해 정부에서 목표로 하는 경제성장률은 3.1%입니다. 우리나라 경제가 3.1% 성장한다는 것은 작년 말 우리나라 전체 재산을 1억이라고 할 때, 3.1%가 늘어 올해 말에는 1억 310만 원이 된다는 것과 같습니다. 경제성장률이 높을수록 우리나라 경제 규모는 빠르게 성장하게 되고, 그만큼 1인당 국민소득도 빠르게 늘어나게 됩니다.

우리나라 1인당 국민소득은 1961년에 93달러에 불과했지만 1977년에 1천 달러, 1994년에 1만 달러, 2006년에 2만 달러, 2018년에 3만 달러를 돌파했습니다. 1만 달러에서 2만 달러로 2배가 되는 데 12년이 걸렸습니다. 그런데 2만 달러를 돌파한 2006년으로부터 15년이 지났지만, 아직도 4만 달러에 도달하지 못하고 있습니다. 왜 그럴까요?

■ 72의 법칙

'72의 법칙'을 활용하면 쉽게 알 수 있습니다. '72의 법칙'은 72를 금리로 나누면 원금이 두 배 되는 데 걸리는 기간이 나온다는 것입니다. 예를 들어, 금리나 이자율 또는 수익률이 8%라면 내 돈이 두 배로 늘어나는 데 걸리는 기간은 9년(72 ÷ 8 = 9)이지만, 금리가 2%라면 36년(72 ÷ 2 = 36)이 됩니다. 금리가 높을수록 그 기간은 짧아지고, 금리가 낮을수록 늘어납니다.

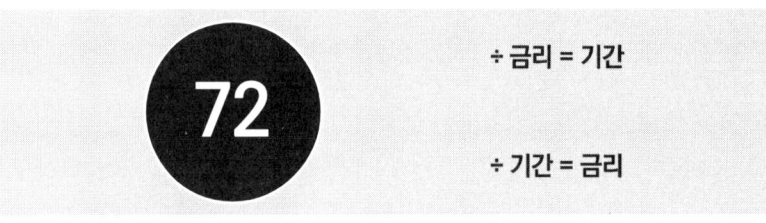

반대로, 72를 기간으로 나누면, 그 기간 동안 원금을 두 배로 만들기 위해 필요한 금리가 나옵니다. 예를 들어, 10년 만에 내 재산을 두 배로 만들려면 수익률이 얼마나 되어야 할까요? 이것도 72의 법칙을 활용하면, 적어도 수익률이 7.2%(72 ÷ 10년 = 7.2)는 되어야 한다는 것을 알 수 있습니다. 그런데 높은 수익률은 저축만으로는 불가능하기 때문에, '저금리 시대일수록 투자에 관심을 가져야 한다'는 것도 알 수 있습니다.

경제성장률은 재테크에 있어 '금리'와 같습니다. 72의 법칙을 적용하면, 1인당 국민소득이 1만 달러에서 2만 달러로 높아진 12년 동안 우리나라 경제는 연평균 6%(72 ÷ 12년)씩 성장했다는 것을 알 수 있습니다. 그런데 그 이후로는 우리나라 경제성장률이 3%대, 2%대로 떨어지면서 1인당 국민소득이 2배가 되는 기간도 늘어나고 있는 것이죠.

※ 우리나라 경제성장률 추이(출처: 통계청)

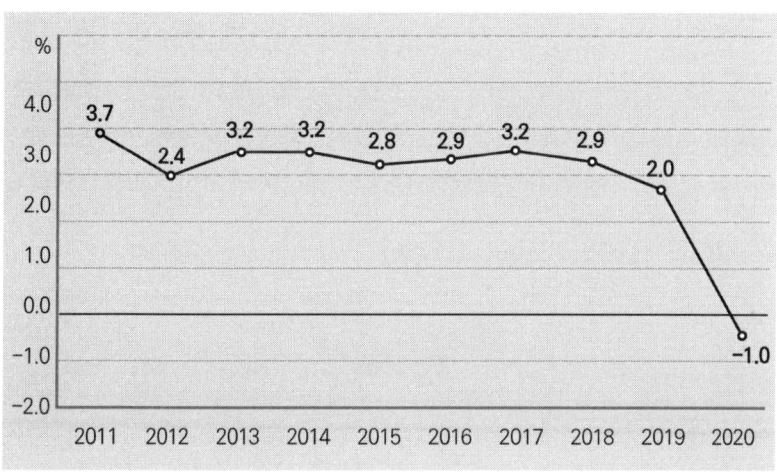

이렇게 편리한 72의 법칙을 만든 사람은 아인슈타인이 아니라, 이탈리아의 수학자이자 수도사였던 '파치올리'라고 합니다. 72의 법칙은 원래 '69.3의 법칙'입니다. 원금이 두 배가 되는 기간을 구하는 수식으로 표현하면 'A × (1 + r)^n = 2A'가 되는데, 여기서 A는 원금, r은 금리, n은 기간을 의미합니다. 로그함수를 써서 이 수식을 만족시키는 n을 구하면 69.3이 되는데, 오차를 고려하여 69.3보다 72를 쓰게 되었다고 합니다.

■ **72의 법칙의 활용**

72의 법칙은 복리를 전제로 하고 있기 때문에 '복리의 마법'을 부각시키는 데 활용되어 왔습니다. 그러나 최근 저금리 시대가 지속되다 보니 그 의미가 퇴색된 감이 없지 않습니다. 요즘처럼 금리 1% 시대라면 원금이 두 배가 되는 데 72년이나 걸리고, 거기다 세금과 물가상승률을 고려하면 사실상 마이너스 금리나 다름없기 때문입니다. 저축을 통해 종잣돈을 만들고자 하는 사람의 입장에서는 좌절감을 느낄 수밖에 없습니다.

※ 우리나라 기준금리 추이(출처: 한국은행)

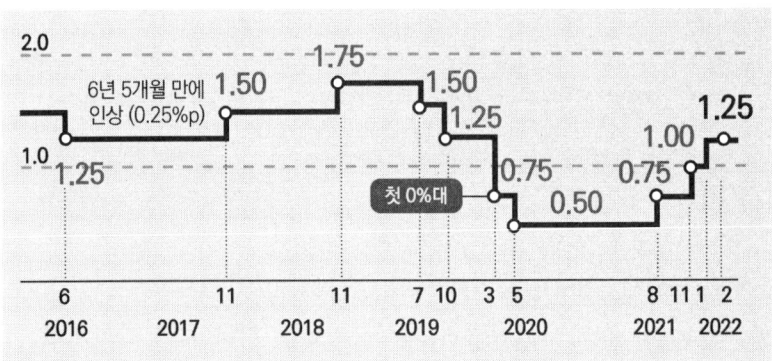

그래서 그런지 요즘 유튜브에서, 자칭 자산관리를 제일 잘한다고 하는 어느 여자분이 회사 광고를 하면서 맨날 하는 이야기도 72의 법칙입니다. 저금리 시대에 저축만으로는 답이 없으니 투자를 하라는 이야기고, 그것을 자기 회사에 맡겨 달라는 것이죠. 72의 법칙을 만든 파치올리에게 광고료를 드려야 하는 것은 아닌지 모르겠습니다.

72의 법칙은 다양한 용도로 사용될 수 있는 가장 쉽고 효과적인 경제법칙 중 하나임에는 틀림이 없습니다. 금리 대신 물가상승률을 사용하면 몇 년 만에 자산가치가 반으로 줄어드는지 알 수 있고, 금리 대신 코스피지수 평균 수익률을 사용하면 몇 년 만에 내 주식가격이 두 배가 되는지 알 수 있습니다. 72의 법칙을 잘 활용하면, 복잡한 금융지식이 없어도, 계산기를 두드리지 않아도, 저축 목표를 세우고 미래를 상상하는 일이 쉬워집니다. 72의 법칙을 활용하여 자신만의 부(富) 미래를 설계해 보십시오.

17
재테크의 적(敵) 물가

한강을 건너다니다 보면 어떤 느낌이 생깁니다. '우리 인생은 배를 타고 노를 저어 한강을 거슬러 올라가는 것과 같다'는 것이죠. 노를 젓지 않고 가만히 있으면, 내려오는 물살 때문에 배는 자꾸자꾸 뒤쪽으로 밀려나게 됩니다. 최소한 그 자리를 유지하려면 적어도 물이 내려오는 속도만큼은 노를 저어 주어야 하고, 앞으로 나가고 싶으면 물이 내려오는 속도보다 훨씬 더 빨리 노를 저어야 합니다. 아무 짓도 안 하면, 아무 일도 생기지 않는 것이 아니라, 퇴보하게 된다는 말입니다.

루이스 캐럴의 동화책 《거울 나라의 앨리스》를 보면 앨리스가 붉은 여왕의 손에 끌려 달리는 장면이 나옵니다. 앨리스와 붉은 여왕은 한참을 계속 달렸는데도 제자리를 벗어나지 못합니다. 앨리스가 숨을 헐떡이면서 붉은 여왕에게 "왜 계속 이 나무 아래인 거죠? 제가 살던 곳에서는 이렇게 오랫동안 빠르게 달리면 다른 곳에 도착하는데 말이에요"라고 묻자 붉은 여왕은 "여기서는 있는 힘껏 달려야 지금 그 자리에 계속 있을 수 있단다. 다른 곳에 가고 싶으면 그보다 최소한 두 배는 더 빨리 달려야 해"라고 말합니다. 한마디로 '그 자리라도 지키고 싶으면 죽어라 뛰어라'라는 말입니다.

■ 물가상승에 따른 위험

경제생활 또는 재테크에서 한강의 물살과 같은 역할을 하는 것이 '물가'입니다. 물가는 '여러 가지 상품들의 평균적인 가격수준'을 말하는데, 정부는 물가가 너무 급격하게 오르거나 내리는 것을 방지하기 위해서 많은 노력을 기울입니다. 여러 가지 물가지수를 만들어 물가의 변동을 측정하고 관리합니다. 왜 그렇게 하는 것일까요?

만약에 아침에 한 개에 100원 하던 빵이 저녁때 200원으로 오른다면 어떻게 될까요? 아침에는 1,000원을 주면 10개를 살 수 있던 빵을 저녁때는 5개밖에 못 산다면 국민들이 불안해서 살 수가 없게 됩니다. 빵값이 더 오를지 모르니 그 전에 한 개라도 더 사재기를 해 두려고 치열한 빵 쟁탈전이 벌어질 수도 있습니다.

빵값이 100원에서 200원으로 오른 것은 돈의 가치가 절반으로 떨어진 것과 같습니다. 1,000원이면 10개를 살 수 있었던 빵을 이제 5개밖에 못 사니까, 1,000원의 가치가 500원으로 줄어든 것이나 다름이 없습니다. 소득이 동일해도 물가가 오른다면 소득이 줄어드는 것과 같습니다. 같은 돈을 주고 살 수 있는 물건이 줄어든 것과 같으니까요.

물가가 지나치게 급격하게 오르면 1차 대전 직후 독일과 같은 상황이 벌어지기도 합니다. 제1차 세계대전에서 패배한 독일은 연합국에게 국가 전체 재산의 세 배가 넘는 전쟁 배상금을 물어야 했습니다. 경제상황이 나빠 도저히 배상금을 갚을 수 없었던 독일은 돈을 마구 찍어 시장에 풀었고 그 결과 돈의 가치는 폭락했습니다. 한 예로 1921년 1월에 0.3마르크였던 신문 가격은 1923년 11월에 7천만 마르크까지 치솟았습니다.

그 당시 어떤 집에 형제가 있었는데, 형은 일을 해서 열심히 저축을 했고, 동생은 술만 마시며 놀았습니다. 그런데 물가가 천정부지로 치솟다 보니, 형이 저축한 돈은 그냥 종이로 전락한 반면, 동생이 마시고 쌓아둔 술병들 값은 엄청나게 높아졌다는 것이죠. 또 어떤 사람은 20년간 저축한 돈을 찾았더니 빵 한 개밖에 살 수 없었다고 합니다. 돈이 돈의 역할을 못하고 그저 종이 쪼가리로 전락하고 말았던 것입니다.

■ 소비자물가지수

이처럼 지나친 물가의 변동은 많은 문제점들을 야기합니다. 그래서 정부는 물가의 수시로 동향을 확인하여 여러 가지 제도나 정책에 반영합니다. 물가를 알 수 있는 대표적인 지표가 '소비자물가지수'입니다. 통계청에서 매달 전국 38개 도시, 460개의 상품 및 서비스를 조사하여 발표합니다. 현재 2015년을 100으로 놓고, 2015년 대비 물가가 어떻게 변하는지를 살피고 있습니다.

※ 소비자물가지수 추이(출처: 통계청)

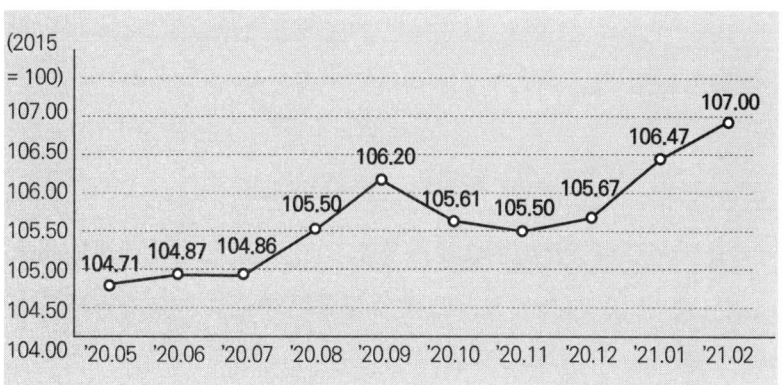

  소비자물가지수가 105라면 2015년 대비 물가가 5%p 올랐다는 것을 의미합니다. 물가는 일시적으로 떨어질 수도 있지만, 장기적으로는 오르는 것이 일반적입니다. 물가가 오르면 내가 가진 돈의 가치는 그만큼 떨어지게 됩니다. 재테크를 통해 2%의 수익을 올렸는데, 물가가 3% 오르면 실제 수익률은 -1%가 됩니다. 지나친 물가상승은 재테크의 적입니다.

■ 물가상승률 이상의 수익을 내자

  '72의 법칙'은 금리에 따라 내 돈이 언제 두 배가 되는지를 알려 주지만, 물가에 따라 언제 내 돈의 가치가 절반으로 줄어드는지도 알려 줍니다. 간단하게 72를 물가상승률로 나누면 됩니다. 물가상승률을 2%로 가정하면 내 돈 100만 원의 가치가 50만 원으로 줄어드는 기간은 36년(72 ÷ 2)입니다. 물가상승률이 6%로 상승하게 되면 내가 가진 돈의 가치는 단 12년(72 ÷ 6) 만에 절반으로 줄어들게 됩니다.

    재테크를 할 때는 물가상승률 이상의 수익을 낼 수 있도록 저축과 투자를 병행하는 것이 좋습니다. 투자는 어떻게 해야 할까요? "100 - 나이'의 법칙'이 있습니다. 40세라면 100 - 40 = 60입니다. 투자 가능한 금액을 나누어 나이만큼인 40%는 저축과 같은 안전자산에 투자를 하고, 60%는 공격적인 자산에 투자를 하면 좋다는 것이죠. 저축과 투자를 병행함으로써 물가상승률에 연연하지 않아도 될 만큼 성공적인 성과를 내시기 바랍니다.

18
돈의 가치 변화를
쉽게 알 수 있는 방법

요즘 짜장면 한 그릇 값은 얼마나 되나요? 식당에 따라 다르지만 5,000~6,000원 정도는 되는 것 같습니다. 그런데 1960년대에는 짜장면 값이 15원이었으니까, 그때에 비하면 무려 333배 이상 오른 것입니다. 라면 한 그릇도 1960년대에 10원이었던 것이 요즘은 4,000원도 넘으니 400배 이상 올랐습니다. '월급 빼고 다 오른다'는 말이 우스갯소리가 아닌 것 같습니다.

1974년 박정희 대통령 시절, 설렁탕 한 그릇은 150원이었으니, 그 당시 대통령 연봉(기본급) 381만 원을 가지고 설렁탕 25,400그릇을 살 수 있었습니다. 2018년 설렁탕 한 그릇 가격은 1만 원 정도, 문재인 대통

저축의 기초

령 연봉은 2억 2,500만 원으로 설렁탕 22,500그릇을 살 수 있었습니다. 대통령 연봉은 60배 가까이 올랐지만, 살 수 있는 설렁탕 그릇 수는 3,000그릇 가까이 줄었습니다. 이게 어찌 된 일일까요?

구분	기본급여 (직급보조비 등 수당 제외)	설렁탕 가격	그릇 수
박정희 대통령 (1974년)	381만 원	150원	25,400그릇
문재인 대통령 (2018년)	2억 2,500만 원	10,000원	22,500그릇

■ 현재가치와 미래가치

돈의 가치는 시간과 금리(or 물가 등)에 따라 변합니다. 올해의 100만 원은 내년에도 100만 원의 가치를 유지할 수 있을까요? 그렇지 않습니다. 만약에 물가가 3% 오른다면 내년에는 올해 돈 97만 원의 가치밖에 되지 않습니다. 그만큼 돈의 가치가 줄어든다는 말이죠. 이것을 내년 돈 100만 원의 현재가치(Present Value, PV) 또는 '현가'라고 합니다.

그럼 물가가 3% 오른다고 할 때, 내년에도 올해 돈 100만 원의 가치를 유지하려면 얼마가 있어야 할까요? 정답은 103만 원입니다. 물가가 오른 만큼, 올해와 같은 가치를 유지하려면 내년에는 돈이 더 필요하다는 말이죠. 이것을 올해 돈 100만 원의 미래가치(Future Value, FV) 또는 '종가'라고 합니다.

※ 현재가치와 미래가치

$$현재가치(PV) = \frac{미래가치(FV)}{(1+r)^n}$$

- r: 금리, 이자율, 물가
- n: 기간

현재가치와 미래가치를 수식으로 표현하면, 현재가치(PV) = 미래가치(FV) ÷ $(1+r)^n$이 됩니다. 이 식을 바꿔 쓰면, 미래가치(FV) = 현재가치(PV) × $(1+r)^n$이 되겠죠? 그런데 식은 이해가 되는데, 실제로 계산을 하려고 보니 머리가 아픕니다. 어떻게 해야 할까요? 걱정하실 필요가 없습니다. 현재가치와 미래가치를 쉽게 알아볼 수 있도록 미리 만들어 놓은 '현재가치표', '미래가치표' 또는 '현가표', '종가표'가 있으니까요.

※ 현가표 VS 종가표

현재가치					
년수	2%	3%	5%	7%	10%
1	0.98	0.97	0.95	0.93	0.91
2	0.96	0.94	0.91	0.87	0.83
3	0.94	0.92	0.86	0.82	0.75
5	0.91	0.86	0.78	0.71	0.62
7	0.87	0.81	0.71	0.62	0.51
10	0.82	0.74	0.61	0.51	0.39
15	0.74	0.64	0.48	0.36	0.24
20	0.67	0.55	0.38	0.26	0.15
25	0.61	0.48	0.30	0.18	0.09
30	0.55	0.41	0.23	0.13	0.06
35	0.50	0.36	0.18	0.09	0.04
40	0.45	0.31	0.14	0.07	0.02
45	0.41	0.26	0.11	0.05	0.01
50	0.37	0.23	0.09	0.03	0.01

미래가치					
년수	2%	3%	5%	7%	10%
1	1.02	1.03	1.05	1.07	1.10
2	1.04	1.06	1.10	1.14	1.21
3	1.06	1.09	1.16	1.23	1.33
5	1.10	1.16	1.28	1.40	1.61
7	1.15	1.23	1.41	1.61	1.95
10	1.22	1.34	1.63	1.97	2.59
15	1.35	1.56	2.08	2.76	4.18
20	1.49	1.81	2.65	3.87	6.73
25	1.64	2.09	3.39	5.43	10.83
30	1.81	2.43	4.32	7.61	17.45
35	2.00	2.81	5.52	10.68	28.10
40	2.21	3.26	7.04	14.97	45.26
45	2.44	3.78	8.99	21.00	72.89
50	2.69	4.38	11.47	29.46	117.39

저축의 기초

물가가 2%씩 상승한다면, 현재 돈 1억 원이 10년 후에는 8,200만 원의 역할, 20년 후에는 6,700만 원의 역할밖에 못 한다는 것을 금방 알 수 있습니다. 어떻게요? 현재가치표에서 물가가 2% 오를 때, 10년 시점을 보면 0.82, 20년 시점에는 0.67로 적혀 있는 것이 보이시죠? 그 숫자에 1억을 곱하기만 하면 됩니다. 마찬가지로, 현재 돈 1억을 금리 2% 예금에 예치해 둔다면 10년 후에는 1억 2,200만 원이 된다는 것을 금방 알 수 있습니다. 이번에는 미래가치표에서 금리 2%일 때, 10년 시점을 찾으면 1.22라고 나와 있으니 1억에 1.22를 곱하기만 하면 되는 것이죠.

■ 현재가치표와 미래가치표의 활용

춘추전국시대에 송나라에 저공(猪公)이라는 사람이 원숭이를 좋아해서 키우다 보니 점점 숫자가 늘어났습니다. 저공이 원숭이들을 모아 놓고 "너희들 숫자는 많아지고 집안은 어려워져, 도토리를 아침에는 3개, 저녁에는 4개를 주겠다"라고 했더니 원숭이들이 아우성을 쳤습니다. 저공이 "그럼 아침에 4개, 저녁에는 3개를 주겠다"라고 했더니 원숭이들이 좋아했다고 합니다. 어차피 하루 7개는 똑같은데 말이죠.

이 이야기에서 나온 사자성어가 '조삼모사(朝三暮四)'입니다. 간사한 꾀로 남을 속이거나, 어리석은 욕심으로 남들에게 속아 넘어갈 때 쓰는 말입니다. 그런데 이런 일은 사람들 사이에서도 벌어집니다. 예를 들어 어떤 사람이 일을 해 주었는데 상대편에서 지금 당장 100만 원을 줄 수도 있지만, 받는 것을 3년 늦춰 주면 120만 원을 주겠다고 합니다. 3년 뒤에 받으면 20만 원의 이자를 더해 주겠다는 것이죠. 어떻게 하는 것이 좋을까요?

현재가치표와 미래가치표를 활용하면 금방 알 수 있는데, 선택은 금리에 달려 있습니다. 금리가 10%일 때 미래가치표를 보면 현재 100만 원의 3년 뒤 가치는 133만 원입니다. 3년 뒤에 120만 원을 받으면 13만 원이나 손해가 나니 지금 받는 것이 좋습니다. 그런데 금리가 3%라면 현재 100만 원의 3년 뒤 가치는 109만 원입니다. 3년 뒤에 120만 원을 받으면 11만 원을 더 받게 되니, 3년 뒤에 받는 것이 더 유리하다는 것을 알 수 있습니다.

사람이 원숭이보다 똑똑하다는 증거이기도 한 현재가치표와 미래가치표를 활용하면 돈의 가치가 얼마나 변하는지 알 수 있을 뿐 아니라, 저축을 통한 목돈 마련, 은퇴시점 기준으로 은퇴자금이 얼마나 필요하고, 어떻게 준비할 것인지 등도 쉽게 계산해 낼 수 있습니다. 복잡하게 계산하지 않고 쉽게 활용할 수 있으니, 현재가치표와 미래가치표는 재테크의 필수품이라고 할 수 있습니다. 인쇄해서 책상 앞에 붙여 놓아도 좋습니다.

19
1억을 모을 때와
갚을 때

살다 보면 불가피하게 대출을 이용할 때가 있습니다. 대학 등록금을 내기 위해 학자금대출을 받거나, 생활비가 부족하여 신용대출을 받거나, 아파트를 사기 위해 담보대출을 받는 등의 행위를 하게 되는 것이죠. 대출은 돈이나 물건 따위를 빌려주거나 빌리는 것을 말합니다. 신용대출, 마이너스 대출, 전세자금 대출, 부동산 담보 대출, 신용카드 현금서비스 등 종류도 다양하지만, 대출은 양날의 검입니다. 잘 다루면 득이 되지만, 잘못 다루면 신용불량자가 될 수도 있습니다.

■ 1억을 모을 때와 갚을 때

대출은 남의 돈을 빌리는 것이고, 무거운 책임이 따르는 일입니다. 대출을 받을 때는 이것저것 잘 따져 보고 해야 하는데 왜 그런지 알아볼까요? 1억을 모을 때와 갚을 때 어느 쪽이 더 힘들까요? 언뜻 생각하면 "금리가 같다면 모을 때나 갚을 때 무슨 차이가 있지? 똑같은 것 아니야?"라고 할 수 있습니다. 과연 그럴까요?

10년 동안 1억을 모을 때를 생각해 봅시다. 단리 4%에 일반과세 상품이라면 한 달에 71만 1,880원 정도가 필요합니다. 총 8,542만 5,600원을 내고, 이자가 1,457만 4,400원이 붙어 1억이 됩니다. 월 복리 4% 상품이라면 매달 69만 7,017원만 내면 되는데, 총 불입액은 8,364만 2,040원에 이자가 1,635만 7,960원이 붙어 1억이 됩니다. 단리보다는 복리 상품이 더 유리하다는 것을 알 수 있습니다.

※ 1억을 모을 때와 갚을 때 비교

같은 1억이지만
모을 때보다 갚아 나갈 때 금액이

약 1.5배 차이

구분	월 적립액		월 상환액	
	5년	10년	5년	10년
4%	1,534,670	711,880	1,841,652	1,012,451

반대로, 1억을 대출받아 10년 동안 갚으려면 한 달에 얼마씩 상환해야 할까요? 금리가 4%에 원리금균등상환이면 매달 101만 2,451원씩 갚아야 합니다. 총 납입액은 1억 2,149만 3,410원입니다. 원금균등상환이라면 매달 상환액은 첫 달 116만 6,663원에서부터 마지막 달 83만 6,143원까지 줄어들게 되죠. 총 납입액은 원리금균등상환이 1억 2,149

만 3,410원이고, 원금균등상환은 1억 2,016만 6,130원으로, 원리금균등상환이 133만 원 정도를 더 내게 되니 원금균등상환이 더 좋습니다.

1억을 모을 때는 한 달에 71만 원 정도를 내면 되는데, 대출 1억을 갚을 때는, 모을 때보다 1.5배나 많은 매달 101만 원 정도를 내야 합니다. 그 차이가 한 달에 30만 원이니, 1년이면 360만 원, 10년이면 3,600만 원이나 됩니다. 왜 1억을 모을 때보다 1억을 갚을 때 매달 부담해야 하는 금액이 월등히 많을까요?

우선 1억을 10년, 120개월로 나누면 한 달에 84만 원(1억 ÷ 120개월 = 83.3만 원) 정도가 됩니다. 1억을 모을 때는, 내가 낸 돈에 은행에서 주는 이자가 더해져 1억을 만드는 것이기 때문에 나는 매월 84만 원보다 적은 돈을 내면 됩니다. 반대로 1억을 상환할 때는 확정된 1억이라는 대출 원금에 내가 이자를 더해서 내야 하기 때문에 매월 84만 원보다 훨씬 더 많은 돈을 내야 하는 것이죠.

또 한 가지는, 돈을 모을 때는 대개 이자가 단리로 붙는 적금 상품에 가입하는 경우가 많지만, 돈을 갚을 때는 대부분의 대출상품이 복리로 계산된 이자를 요구한다는 것이죠. 앞에서 1억을 모을 때 은행으로부터 내가 받는(+) 이자는 1,457만 4,400원이지만, 1억을 갚을 때 내가 은행에 부담하는(-) 이자는 2,149만 3,410원이었습니다. 이 둘의 차이가 3,600만 원이나 됩니다. 대출은 기회비용이 매우 크다는 것을 알 수 있습니다.

■ 착한 대출과 나쁜 대출

대출에는 두 가지가 있습니다. 대출을 받아 대출금리보다 더 큰 이익을 낼 수 있다면 '착한 대출'이지만, 대출받은 돈을 단순한 소비생활에 사용하거나, 대출받아 투자한 결과가 대출 상환금리보다 못하면 그 대출은 '나쁜 대출'입니다. 쉽게 말해, 5천만 원 대출을 받아 오피스텔에 투자에 보탠 결과 3년 뒤 오피스텔 가격이 3천만 원 올랐다면 착한 대출이고, 대출금 5천만 원으로 자동차를 구입한 결과 3년 뒤 자동차 가격은 3천만 원으로 떨어지고, 3년간 보험료와 유지비로 1천만 원이 들었다면 나쁜 대출입니다. 3년 동안 착한 대출과 나쁜 대출의 차이는 6천만 원으로 벌어졌습니다.

대출을 지렛대로 활용하여 재산을 증식시키거나, 긴급한 상황에서 대출을 통해 더 큰 손실을 막을 수 있는데도 불구하고 대출을 활용하지 않는 것은 어리석은 일입니다. 하지만, 자신의 소득이나 재산으로 감당할 수 없을 정도의 큰 대출을 받아서 낭패를 보는 것은 경계해야 합니다. 돈은 모으기보다 갚기가 훨씬 더 힘듭니다. 재테크를 시작하는 입장이라면 대출을 받기도 쉽지는 않지만, 상환하는 일은 그보다 훨씬 더 어려운 일이라는 것을 잊지 말아야 하겠습니다.

20
재테크 성공의 원리, 부(富)의 함수

어떤 일이든 잘 하기 위해서는 그 일이 돌아가는 원리를 파악하는 것이 먼저일 것입니다. 아무리 어려운 수학문제도 원리를 알면 쉽게 풀 수 있듯이, 돈을 모으고 부자가 되는 것도 마찬가지입니다. 돈을 모으기 위해 꼭 알아야 할 저축의 원리 중 하나는 '부(富)의 함수'입니다. 함수는 Y=f(x)처럼 어떤 관계를 나타낸 것입니다. 변수(x)가 무엇이냐에 따라 결과(Y)가 달라진다는 것이죠. 부의 함수는 세금을 떼고 난 이후의 수익인 실효수익이 '(원금 × 수익률 × 기간) - 세금'의 함수라는 것입니다.

※ 부의 함수

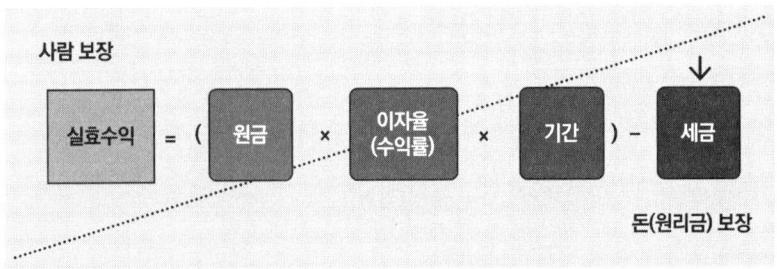

이 함수에 따르면, 저축의 첫 목표인 종잣돈도 실효수익에 해당되는데, 원금(매달 납입액 또는 일시 예치금)을 얼마나 높은 수익이나 금리를 주는 상품에, 얼마 동안 납입 또는 예치하여, 세금은 얼마나 적게 내느냐에 따라 종잣돈의 크기가 달라집니다. 다시 말해 매월 납입액 또는 예치금이 많을수록, 이자율(수익률 또는 금리)이 높을수록, 저축 기간이 길수록 그리고 세금은 적을수록 종잣돈이 늘어납니다.

■ 늘리기의 지혜

어떤 금융상품에 매월 100만 원씩, 3년 동안, 연 복리 3%인 적금 상품에 돈을 넣었을 때 '실효수익 = (100만 × 3년 × 금리) - 세금'이 됩니다. 다른 조건이 같다면 실효수익의 크기는 원금(예치금 또는 매월 납입액)의 크기에 따라 달라집니다. 3년 동안 매월 100만 원씩 저축을 하면 원금만 3,600만 원을 모을 수 있지만, 200만 원씩 저축을 하면 원금만 7,200만 원을 모을 수 있습니다. 같은 이치로, '금리'가 높을수록, '기간'을 길게 가져갈수록 실효수익이 커지는 것은 당연한 일입니다. 이처럼 원금과 금리와 기간, 이 세 가지 변수를 더 크게 만드는 것은 '늘리기(+)의 지혜'라고 할 수 있습니다.

■ 줄이기의 지혜

실효수익은 또 다른 변수인 '세금'에 따라 달라집니다. 이자소득에 대해서는 세금을 내야 하는데, 이를 '이자소득세'라고 합니다. 저축을 해서 만기금을 찾거나 중도에 해지를 하는 경우에는 원금에 그동안 붙은 이자에서 이자소득세를 제외한 이자를 더해 받게 됩니다. 이자소득세율은 14%인데, 여기에 다시 이자소득세 14%의 10%인 1.4%의 지방소득세가 붙어 실제 이자소득세율은 15.4%입니다. 이자가 100만 원이 생겼다고 100만 원을 다 받는 것이 아니고, 15.4%를 뗀 84만 6천 원을 받게 되는 것이죠.

세금을 적게 내도 되는 '세금우대상품'도 있습니다. 세금우대상품은 정부에서 저축을 장려하기 위해 일반저축상품보다 더 적은 이자소득세율을 적용하는 상품입니다. 세금우대상품에는 이자소득세 9%에 농어촌특별세 0.5%를 합쳐 9.5%의 세금이 부과되어 일반과세 상품에 비해 유리합니다. 과거에는 대부분의 금융기관에서 세금우대상품을 취급했지만 현재는 거의 없어졌고, 저축은행과 같은 제2금융권에 일부 남아 있지만, 가입대상이 제한적이고 가입한도가 크지 않습니다.

아예 세금이 붙지 않는 '비과세 상품'도 있는데 가입대상이 매우 제한적입니다. 국가의 보호가 필요한 저소득 및 소외계층을 대상으로 하는데, 고령자, 장애자, 기초생활 수급자 등이 저축을 할 경우, 이자소득에 대해 비과세 혜택을 주는 것입니다. 일반인들의 경우에는 장기저축성 보험에 가입하여 10년 이상 유지하면 비과세 혜택을 받을 수 있고, ISA(개인종합자산관리계좌)에 가입하여 생긴 이익에 대해 200만 원까지(서민형의 경우 400만 원까지) 비과세 혜택을 받을 수 있습니다.

그럼 이 세 가지 유형에 따른 실효수익을 따져 볼까요? 매달 100만 원씩, 금리 3%의 적금에 3년 동안 납입했을 때 실효수익은 세금에 따라 차이가 많이 납니다. 세금이 없는 비과세 상품의 경우에는 원금 3,600만 원에 이자가 166만 5천 원이 붙어 3년 후 수령액은 3,766만 5천 원이 됩니다. 세금이 없어 3%의 이자를 고스란히 다 받을 수 있으니 최상의 상품인 것이죠.

※ 세금에 따른 실효수익의 차이

구분	적립원금	세금	세후이자	세후수령액	세후금리
일반과세	36,000,000	256,410	1,408,590	37,408,590	2.54%
세금우대	36,000,000	158,175	1,506,825	37,506,825	2.72%
비과세	36,000,000	-	1,665,000	37,665,000	3.00%

하지만 이자소득에 대해 15.4%의 이자소득세를 떼는 일반과세 상품은 세후 이자가 140만 8,590원으로 비과세 상품에 비해 25만 6,410원이나 적고, 세후 금리도 2.54%밖에 되지 않습니다. 그리고 이자소득에 대해 9.5%의 이자소득세를 떼는 세금우대상품의 경우에는 세후 이자가 150만 6,825원으로, 비과세 상품에 비해 이자가 15만 8,157원이 적고, 세후 금리도 2.72%에 그칩니다. 실효수익은 비과세 상품, 세금우대 상품, 일반과세 상품 순으로 크다는 것을 알 수 있습니다. 세금을 줄이면 그만큼 실효수익은 늘어나게 되는데, 이를 '줄이기(-)의 지혜'라고 합니다.

■ 부의 함수의 핵심은 기간

어떤 금융상품이 '부의 함수'에 충실하게 금리도 높고, 비과세에다, 중도에 해지를 해도 원금과 이자를 다 보장해 준다면 완벽한 상품이라고 할 것입니다. 거기다 저축을 하는 동안 질병이나 상해 또는 사망과 같은 사고가 생겼을 때 별도의 보상도 해 준다면 최상의 상품이라고 할 수 있습니다. 하지만 아쉽게도 그런 상품은 없고, 각 금융상품의 장점을 최대한 활용할 수밖에 없습니다. 일반적으로 은행의 저축상품은 '돈(원리금)'을 지키는 데 충실한 상품이고, 보험상품은 그 돈을 모으는 '사람'을 보호하는 데 강점이 있습니다. 두 가지를 병행하면 저축 효과를 더 높일 수 있습니다.

'부의 함수'는 원금, 금리, 기간, 세금이라는 네 가지 변수로 구성되어 있습니다. 실효수익을 키우기 위해서는 먼저, 원금이 커야 합니다. 하지만 소득이 뻔한데 예치금이나 매달 적립액을 갑자기 늘리기는 어렵습니다. 두 번째로 금융상품을 선택할 때는 한 푼이라도 이자가 많은 상품, 금리가 높은 상품을 선택해야 하는데, 저금리 시대가 지속되다 보니 금리가 높은 상품은 찾아보기 힘듭니다. 세 번째로 세금이 적은 상품을 선택해야 하는데, 세금은 내가 결정할 수 없습니다. 이것도 안 되고 저것도 안 되니 포기해야 할까요?

남은 하나가 있습니다. 바로 '기간'입니다. 다른 것은 몰라도 저축하는 기간은 내가 결정할 수 있습니다. 사람의 수명은 어느 정도 정해져 있으니, 기간을 늘리려면 일찍 시작하는 수밖에 없습니다. 일찍 시작하면 늦게 시작한 사람보다 적은 돈을 들여 더 큰 수익을 얻을 수 있습니다. 결국, 요즘 같은 상황에서 부의 함수는 기간에 투자하라는 이야기입니다. 어떤 일이든, '뭔가를 하기에 너무 늦은 시작이란 없는 법'입니다. 오늘 당장 종잣돈 마련 통장 하나라도 새로 만드는 것이 어떨까요?

21
행복한 부자로 가는
네 가지 습관을 익히자

　이것은 무엇일까요? "이것은 당신의 영원한 동반자입니다. 또한 당신의 가장 훌륭한 조력자일 뿐 아니라 가장 무거운 짐이 되기도 합니다. 이것은 전적으로 당신이 하는 대로 그저 따라갑니다. 그렇지만 당신 행동의 90%가 이것에 의해 좌우됩니다. 이것은 당신의 행동을 빠르고 정확하게 좌지우지합니다. 당신이 어떻게 행동하는지 몇 번 보고 나면 이것은 자동적으로 그 일을 해냅니다. 이것은 인공지능 기계처럼 정밀하지만 그렇다고 해서 기계는 아닙니다. 이것을 당신의 이익을 위해 이용할 수도 있고, 당신의 실패를 위해 사용할 수도 있습니다. 이것을 확실하게 당신의 것으로 만든다면, 이것은 당신의 발 앞에 이 세상을 가져다줄 것입니다. 만일 당신이 이것을 가볍게 여긴다면, 이것은 당신을 파멸의 길로 이끌 것입니다." 이것은 바로 '습관'입니다.

■ 습관의 힘

우리가 자주 듣는 말들 중 하나가 '생각이 바뀌면 행동이 바뀌고, 행동이 바뀌면 습관이 바뀌고, 습관이 바뀌면 인생이 바뀐다'는 것입니다. 이를 재테크 관점에서 바꿔 말하면, '부자가 되겠다는 생각을 가지고, 끊임없이 부자의 행동을 따라 실천하다 보면, 그것이 습관으로 굳어지고, 결국 부자가 된다'는 것이 되겠죠. 그런데 여기서 가장 힘든 일은 무엇일까요? 아마 습관일 것입니다. 뭔가를 결심하고 한두 번 시도해 보는 것은 어려운 일이 아니지만, 그것이 습관이 되기까지는 오랫동안 지속적이고 반복적인 노력이 필요하기 때문입니다.

'습관은 모든 위대한 사람들의 하인이자 모든 실패한 사람들의 주인'이라고 합니다. 좋은 습관은 사람을 위대하게 만들지만, 나쁜 습관은 실패를 초래한다는 것이죠. 그런데 좋은 습관은 만들기가 어렵고, 나쁜 습관은 없애기가 어렵습니다. 매일 4,500원을 들고 은행으로 가서 저축을 하는 사람은 드뭅니다. 그러나 매일 4,500원짜리 담배를 피우는 사람은 많습니다. 저축은 좋은 습관이지만 몇 번을 시도해도 길들이기 어렵고, 흡연은 나쁜 습관이지만 한번 친해지면 멀리하기 어렵습니다.

■ 행복한 부자가 되는 법

누구나 부자가 되기를 희망합니다. 부자라고 하면 단순하게 돈이 많은 사람을 생각하기 쉽지만, 부자 중에는 '돈만 많은 부자'가 있고, '돈도 많은 부자'도 있습니다. 돈도 많은 부자는 세상과 소통하며, 자기가 가진 부(富)를 나눌 줄 아는 사람들입니다. 연세대에 전 재산 100억을 기증했던 또순이 김순전 할머니, 전 재산 578억을 기부한 한의학 박사 1호 류근철 박사 같은 분, 또, 심장판막 장비개발로 불어난 200억 전 재산을 기부한 송명근 교수 같은 분들은 돈도 많은 부자들입니다. 그런 부자들은 그냥 부자가 아니라 '행복한 부자'라고 불러야 할 것입니다. 어떻게 하면 그런 행복한 부자가 될 수 있을까요?

부자가 되는 가장 좋은 방법은 행복한 부자들의 좋은 습관을 내 것으로 만드는 것입니다. 스페인 속담 중에 '습관은 처음에는 거미줄 같지만, 나중에는 쇠사슬처럼 된다'는 말도 있습니다. 좋은 습관은 처음에는 만들기 어려워도, 일단 한번 잘 형성이 되면 쉽게 바뀌지도 않는다는 말이죠. 아마도 행복한 부자들은 돈을 다루는 그런 좋은 습관을 오래도록 가다듬어 자기 것으로 만든 사람들일 것입니다. 행복한 부자들이 익혀 온 습관에는 어떤 것들이 있을까요? 시중에 나온 책만 뒤적여도 부자가 되는 습관은 셀 수 없이 많지만, 단순하게 사칙연산에 맞춰 네 가지 습관으로 나눠 볼 수 있습니다.

※ 사칙연산과 재테크

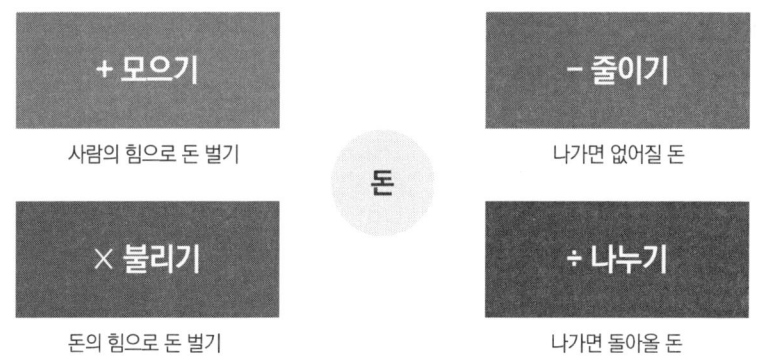

먼저, 더하기(+) 습관은 내가 열심히 일하고 공을 들여서 한 푼이라도 더 돈을 모으는 습관이고, 빼기(-) 습관은 개념 없이 낭비하는 돈처럼 나가면 없어질 돈을 줄이는 습관을 말합니다. 그리고 곱하기(×) 습관은 그동안 내가 힘들여 모은 돈이 제 스스로 돈을 벌어 오는 시스템을 만드는 것이고, 나누기(÷) 습관은 내가 뭔가를 남들에게 베풀면 나에게 더 좋은 뭔가가 생기듯이, 나가면 다시 돌아올 돈을 만드는 것을 말합니다. 누구나 이 네 가지만 꾸준히 실천할 수 있다면, 행복한 부자가 될 수 있을 것 같습니다.

부자가 되는 선행조건은 기필코 부자가 되겠다는 열망과 의지이며, 부자가 되겠다는 목표를 이루는 가장 좋은 방법은 좋은 습관을 내 것으로 만드는 것이라고 합니다. 흔히 나쁜 습관을 지적하기 위해 '세 살 버릇 여든까지 간다'고 합니다. 하지만 좋은 습관도 여든까지 갑니다. 돈만 많은 부자가 아니라 돈도 많은 행복한 부자를 꿈꾼다면, 지금부터라도, 이미 행복한 부자가 된 사람들의 네 가지 습관을 잘 이해하고 내 것으로 만들어 가면 어떨까요? 좋은 습관을 익히려는 노력이 계속되다 보면, 어쩌면 운명까지 바뀔 수 있을 것 같으니까요.

04
행복한 부자로 가는 더하기(+) 습관

22
돈을 모으는 사람들의 공통점

　돈은 좋은 것이고 중요한 것입니다. 돈이 있으면 좋은 것도 살 수 있고, 좋은 일도 할 수 있습니다. 공자가 "부(富)를 구할 수 있다면 나 또한 마부 노릇을 해서라도 구할 것이다"라고 말한 것은, 돈이 개인적으로 부자가 되는 것을 넘어, 지역사회, 인류 사회에 봉사할 수 있는 수단이 되기 때문입니다. 이렇게 좋은 일도 많이 할 수 있는 돈은 어떻게 해야 모을 수 있을까요?

　이해인 수녀님은 〈참 좋은 이에게〉라는 시(詩)에서 "사람의 관계란 우연히 만나, 관심을 가지면 인연이 되고, 공을 들이면 필연이 된다. 3번 만나면 관심이 생기고, 6번 만나면 마음 문이 열리고, 9번 만나야 친밀감이 생긴다"라고 말했습니다. 사람의 관계에 대한 말씀이지만, 관점을 바꿔 생각해 보면 '영업'이나 '재테크' 측면에서도 영감을 얻을 수 있습니다. '단무지 정신'입니다. 돈을 모으는 사람들의 공통점 역시 '단무지'인데, 어떤 일이든 '단순하고, 무식하고, 지속적으로' 어떤 일에 집중한다는 것이죠.

■ 단순하게

먼저, '단순함'은 복잡함을 이깁니다. 단순함이 최고(Simple is the Best)라는 말도 있지 않나요? 망해 가는 조직의 특징은 일이 복잡합니다. 아침에 출근해 컴퓨터를 켜면 온갖 프로그램을 다 깔아 놓아 부팅하는 데만 10분 이상 걸리고, 뭐 하나 하려고 하면, 간단한 일인데도 보고서 쓰고, 몇 번씩 수정하고, 결재받고, 퇴짜 맞고, 또 똑같은 절차를 밟아 일을 시작하려고 하면 그사이 고객들은 다 도망가고 없습니다.

옛날 할머니들은 나물이라도 뜯어서 시장에 팔아 돈이 생기면, 일단 몸빼바지 속에 달린 작은 호주머니에 넣어 두었다가, 집으로 돌아가 항아리 속이나 장판 밑에 모아 두었습니다. 자신을 위해 고쟁이 하나 살 줄도 모르면서 돈을 모아 자식들 공부시키고, 시집 장가 다 보냈습니다. 그 할머니들이 금리를 알고, 금융기관을 알고, 금융상품을 알았을까요? 몸을 써서 돈이 생기면 그저 어딘가에 모아 두었더니 목돈이 된 것이죠.

시대가 변해 금융기관이나 상품도 많아지고, 온갖 금융지식도 늘었는데 돈은 잘 모아지지 않습니다. 목돈이 되기도 전에 분산투자한다고 여기저기 투자해 보지만 역시 돈이 되지 않고 한숨만 늘어 갑니다. 저축한 돈 깨고, 보험 깨고 대출까지 받아 동학개미가 되었다가 서학개미가 되었다가 해 보지만, 덩치 큰 기관투자자나 외국인들을 이기기 힘듭니다. 머리를 써서 돈을 이리저리 굴렸더니 푼돈이 된 것이죠.

■ 무식하게

두 번째, '무식'하다는 것은 무언가를 잘 모른다는 뜻이 아니라, 자기가 선택한 일 이외에는 관심을 갖지 않는 우직함을 말합니다. '한 우물만 판다'고 할까요? 워런 버핏은 복리효과를 믿고 장기투자에 전념한 결과 50년 동안 연평균 20%에 달하는 수익률을 얻을 수 있었습니다. 장기투자는 저평가된 주식을 매입해 적정가치에 이를 때까지 팔지 않고 오랫동안 보유하는 것입니다. 그런데 저평가된 주식을 살 수 있는 사람은 많지만, 워런 버핏처럼 중간에 매도하지 않고 오래 기다릴 수 있는 사람은 드뭅니다.

부자가 된 대다수 사람들은 돈을 추구한 사람들이 아니라 자신의 일을 추구한 사람들입니다. 오로지 자신이 선택한 일에 매달리다 보니 부자가 된 것이죠. 월마트를 창업한 샘 월튼은 "이제껏 나는 최고의 유통회사를 만드는 일에 주력했다. 부를 축적하는 것은 내 관심 밖의 일이었다. 열심히 일하고 고객에게 최선을 다하면 무한한 가능성이 있을 것이라는 확신이 있었다"라고 말했습니다.

■ 지속적으로

세 번째, '지속적으로'는 '인내'와 '끈기'를 말합니다. 성과가 날 때까지 기다리며 계속하는 것이죠. '계속이 힘이다'라는 말도 있지 않나요? 도요

타를 세계 1등 기업으로 만든 CEO 오쿠다 히로시는 "위대한 인재는 똑똑한 사람이 아니라 꾸준한 사람이다"라고 말했습니다. 1986년 미국 시장 진출 이후 낮은 품질과 싼 가격으로 놀림감이 되었던 현대·기아차는 이제 곧 도요타를 뛰어넘을 태세입니다. 지속적인 혁신과 기술개발을 통해 35년 동안이나 미국 소비들의 마음을 파고들었기 때문입니다.

로마는 하루아침에 만들어지지 않았습니다. 인내와 끈기는 성공을 이끄는 최상의 조합입니다. 모든 일에 있어 승자는 포기하고 싶은 때 한 발 더 내딛는 사람입니다. 워런 버핏은 "세상에 어느 것도 끈기를 대신할 수 없다. 재능도 끈기를 대신할 수 없을 것이다. 재능을 지녔음에도 불구하고 성공하지 못하는 경우가 비일비재하다. 천재도 끈기를 대신할 수 없다. 세상은 교육받은 낙오자들로 가득 차 있다. 끈기와 결단력만 있으면 못할 일이 없다"라고 말했습니다.

재테크에도 '단무지'의 원칙이 적용됩니다. 단순한 예(例)로, 종신보험은 중도에 해약하면 큰 손해가 나서 많은 사람들이 싫어하는 상품입니다. 하지만, 시간이 지나서 보면, 결국 돈을 모은 사람은 그 보험에 돈을 넣고 완납하고 기다리는 사람뿐이라는 것을 알게 됩니다. 그 보험료 아깝다고, 저축하고 투자한 사람들은 생각만큼 많은 돈을 모았을까요? 많은 경우 그렇지 않다는 것을 아실 겁니다. 자신이 좋아하고, 잘할 수 있는 재테크 방식을 정해 단무지를 실천하면 결국은 돈이 됩니다. 종잣돈 모으기도 어려운 일이지만, 이미 돈을 모은 사람들의 공통점인 '단무지'를 실천해 나가면 불가능한 일은 아니죠.

23
강제로 저축하는 시스템을 만들자

행복한 부자로 가는 더하기(+) 습관 첫 번째는 강제로 저축하는 시스템을 만드는 것입니다. 강제로 저축하는 시스템을 만들지 않으면, 돈이 모이지 않기 때문입니다. 설령 높은 연봉을 받는 직장인이라도, 먹고, 쓰고, 입고, 애들 가르치고, 친지나 지인들 애경사 챙기며 사람 노릇 하면서 살다 보면, 1년에 1천만 원 모으기도 힘들다는 것 다 아실 겁니다. 직장을 다닐 때, '띵동'은 한 달에 한 번뿐인 월급 들어오는 소리고, '띵동', '띵동', '띵동'…은 그 월급이 산탄처럼 사방으로 빠져나가는 소리입니다. 월급은 가만히 놔둬도 제 갈 길을 찾아서 갑니다. 강제로 저축하는 시스템은, 그중의 일부라도 붙잡아 두자는 것입니다. 돈은 버는 것보다 쥐는 것이 더 중요하기 때문이죠.

■ 1억 모으기

1억을 한 달에 모으려면 하루에 얼마씩 저축해야 할까요? 단순 계산으로, 1억 나누기 31일 하면 322만 5,807원이죠. 한 달은 이자가 거의 붙지 않으니, 매일 323만 원 정도를 모으면 한 달 만에도 1억이 모아집니다. 그럼 첫날 1원부터 시작해 매일 저축액을 두 배로 늘려 가면 한 달 동안 얼마나 모을 수 있을까요? 첫날은 1원, 둘째 날은 2원, 셋째 날은 4원, 넷째 날은 8원과 같은 방식으로 저축을 해 나가면, 마지막 날인 31일째에는 10억 7,374만여 원을 넣어야 하고, 한 달 동안 모은 돈의 총액은 21억 4,748만여 원이 됩니다. 이런 방식들은 계산해 보는 재미는 있는데, 현실성이 떨어집니다. 돈을 모으는 좀 쉽고 다른 방법은 없을까요?

※ 1원부터 매일 2배씩 늘려 저축하기

1일	2일	3일	4일	5일	…	10일	…	20일	…	30일	31일	計
1	2	4	8	16	…	512	…	524,288	…	536,870,912	1,073,741,824	2,147,483,647

■ 매일 10원 더하기 저축

매일 '10원 더하기 저축'을 통해 큰돈을 모은 분의 이야기가 여러 신문에 소개된 적이 있습니다. 강남에서 경비원으로 일하던 어느 날, 공원에서 동전 치기 놀이를 하던 아이들이 떨어진 10원짜리는 버리고 가는 것을 보고, 10원짜리를 주워 매일 10원씩을 더해 저축을 하기로 마음을 먹었다고 합니다. 그래서 첫날 10원을 들고 은행을 찾아가 저축을 시작했습니다. 10원을 저축? 그 첫날, 은행 직원들은 어떤 생각을 했을까요? 혹시 속으로 비웃지는 않았을까요? 그렇지만 그분은 다음 날 10원을 더해 20원을, 그다음 날은 30원을, 그다음 날은 40원을… 20여 년간 하루도 빼지 않고 저축했습니다.

기사가 난 날에는 4만 5,530원을 저축했는데, 바꿔 말하면 4,553일째라는 이야기가 되죠. 1년 365일 중 매주 주말 이틀에, 공휴일 빼면 은행 문을 여는 날이 250여 일 되는데, 4,553일이면 약 18년이 넘습니다. 그동안 통장 31개를 갈아 치우며 모은 돈이 1억여 원인데, 통장에는 1,500여만 원뿐이었습니다. 왜 그랬을까요? 8,000여만 원을 소년소녀 가장 등 어려운 이웃들에게 기부했기 때문입니다. 그분의 저축 철학은 '돈이 차면 어딘가에 베푸는 것'이었습니다. 그분은 "세상에 보잘것없는 것은 없고, 아무리 작은 것이라도 모이면 큰 힘이 된다. 느리지만 꾸준함만 있다면 기적을 만들 수 있다"라고 말했습니다.

그분의 사례는 많은 가르침을 줍니다. 먼저, 저축은 어떻게 하는 것인지, 가장 쉽고 단순한 방법을 가르쳐 줍니다. 10원짜리 같은 작은 돈도, 계속 모으면 결국은 큰돈이 된다는 것을 알려 줍니다. 두 번째로, 저축은 왜 해야 하는지 그 이유를 말해 줍니다. 보통 사람들은 좀 더 나은 미래를 위해 저축을 합니다. 그것만으로도 훌륭한 일입니다. 그런데 그분은, 자신보다 어려운 이웃을 돕기 위해서 저축을 했습니다. 초등학교 졸업 학력에 직업도 그렇게 좋지는 못했던 것 같은데, 어려운 이웃들을 돕는

데 앞장섰습니다. 따뜻한 마음이 없다면 불가능한 일이죠. 세 번째는 그분만의 자동화된 강제 저축 시스템입니다. 그분은 오직 매일 10원을 더해 저축하는 그분만의 저축 시스템 안에서 20년을 보냈습니다. 20년 만에 1억을 모은 것은 그 시스템의 힘입니다.

■ 실패에서 배운 저축 방법

오래전, 보증을 잘못 선 죄로 5,000만 원이 제 월급에 압류가 들어왔다는 연락을 받았습니다. 당장 5,000만 원을 구하기가 힘들어 그냥 놔뒀더니, 다음 달부터 실수령액이 절반 이하로 줄었습니다. 제 월급이 500만 원이고, 각종 세금과 공적연금, 보험료 같은 게 100만 원이라면, 500만 원에서 100만 원을 뺀 400만 원의 1/2인 200만 원을 떼어 가는 식이었습니다. 그리고 뗀 돈을 회사에서 매달 채권자에게 보내는 것이 아니라, 계속 쌓아 두었다가 5,000만 원이 다 차면 그때 채권자에게 주는 것이었습니다.

그 당시 제 연봉이 꽤 높았고 상여금 같은 것도 많이 받다 보니, 1년여 만에 4,000만 원 정도가 모아졌다는 것을 알았습니다. 진급을 앞두고 있던 터라 1,000만 원을 보태 얼른 갚았죠. 우리나라에만 특화된 '뭣' 같은 보증 제도 때문에 많은 돈을 날렸지만, 한 가지는 확실하게 배웠습니다. '세상 모든 일은 교훈적'이거든요. '저축도 그런 식으로 해야 한다'는 것입니다. 월급의 반은 보증 서서 날렸다 생각하고 저축을 하다 보면, 비교적 짧은 기간 안에도 꽤 많은 돈을 모을 수 있다는 것이죠. 월급을 다 받았어도 그만큼 모으기 힘들었을 텐데, 없는 셈 치고 던져 둔 돈이 모여 결국은 큰돈이 된 것이니, '없는 것이 있는 것이요(無卽有), 있는 것은 없는 것(有卽無)'일까요?

■ 강제로 저축

소설가 조정래 선생은 《태백산맥》, 《아리랑》, 《한강》 같은 대작을 쓰느라 20년 동안 매일 16시간을 투자했습니다. 시골집에서 가까운 '태백산맥 문학관'에 가서 보니, 그분이 쓴 원고지가 키 높이로 쌓여 있었습니다. 그 높이는 '매일 원고지 30장'을 쓰기 위해 자신을 '글 감옥'에 가둔 결과입니다. 또, 만화가 이현세 선생은 '천재를 이기는 방법'에 대해 이렇게 말합니다. "만화를 잘 그리기 위해서는 스케치북에 매일 10장의 크로키를 그려라. 1년이면 3,650장, 10년이면 3만 6,500장으로, 인간의 온갖 자세와 패션과 풍경을 다 담아낼 수 있으니, 이 세상에서 그려 보지 않은 것이 없게 된다"라고요. 저축도 마찬가지 아닐까요? 가장 먼저, 자신만의 강제적인 저축 시스템을 만드십시오.

24
푼돈부터 저축하자

행복한 부자로 가는 더하기(+) 습관 두 번째는 '푼돈부터 저축하라'입니다. 부자들의 고사성어는 '티끌 모아 태산'입니다. 같은 뜻으로 사용되는 말 중에는 '먼지도 쌓이면 큰 산', '모래알도 모으면 산', '실도랑 모여 대동강' 같은 것들이 있습니다. 영어로는 'A penny saved is a penny earned(한 푼을 아끼는 것은 한 푼을 번 것과 마찬가지)'라고 합니다. 작은 돈도 아끼는 것은 부자들의 미덕입니다. 부자의 출발점은 푼돈이라도 소중히 여기는 데 있습니다. 물 한 방울이 마침내 바다를 이루는 것과 같습니다.

■ 푼돈도 소중하게 생각하는 부자들

미국의 한 잡지사에서 '부자들의 근검절약'이라는 기사를 준비하면서, 부자 58명을 선별하여 "사무 착오로 인해 1달러 11센트를 더 받았으니

은행을 방문하여 찾아가십시오"라는 내용의 편지를 보냈습니다. 58명 중 26명이 귀찮은 서류 작성을 마다하지 않고 은행을 방문해 돈을 찾아 갔습니다. 그 26명에게 다시, "실수로 빠뜨린 64센트를 더 환급하겠습니다"라고 연락을 했더니 13명이 와서 찾아갔습니다.

마지막으로 그 13명에게 다시 편지를 보내 "원래 77센트를 드려야 하는데 계산을 잘못해 64센트를 드렸으니 나머지 13센트를 찾아가십시오" 했더니 2명이 와서 돈을 찾아갔습니다. 어떤 사람들이었을까요? 놀랍게도 한 사람은 세계적인 무기 거래 상인 카쇼기였고, 또 한 사람은 대통령이 된 부동산 재벌 트럼프였습니다. 세계적인 억만장자들이 단돈 몇 푼을 받으려고 은행을 오가는 수고를 기꺼이 감내한 것입니다.

■ 카페라테 효과

데이비드 바흐라는 미국의 재테크 전문가는 카페라테 한 잔 값을 꾸준히 저축하면 목돈을 만들 수 있다는 것을 설명하기 위해 '카페라테 효과'라는 개념을 제시했습니다. 카페라테 효과는 작은 돈이라도 장기간 저축하는 습관의 중요성을 말합니다. 데이비드 바흐는 약 4달러인 커피 한 잔 값을 30년 이상 저축하면, 물가상승률, 이자 등을 감안했을 때 약 18만 달러(약 2억 원) 이상의 목돈을 마련할 수 있다고 했습니다.

실제로 그런지 금융계산기에 넣고 돌려 볼까요? 우리나라에 있는 스타벅스 매장에서 파는 아메리카노 한 잔 가격은 4,100원입니다. 매일 한 잔씩을 마신다고 할 때, 한 달을 30일로 잡으면 한 달에 드는 커피값은 12만 3천 원입니다. 이 돈을 매달 금리 3%인 적금에 넣으면, 원금만 4,428만 원에 이자가 약 2,000만 원 정도 붙어 총 6,426만 원 이상을 받을 수 있습니다. 금리를 높게 잡으면 그 금액은 더 많아집니다. 젊은이라도 30년 후면 은퇴를 생각할 시점인데, 6,426만 원은 결코 적은 돈이 아닙니다.

유사한 의미로, 하루 담뱃값을 꾸준히 모으면 목돈을 만들 수 있다는 '시가렛 효과(Cigarette Effect)'도 있습니다. 하루에 담배 한 갑, 4,500원을 아끼면 한 달에 135,000원을 모을 수 있습니다. 이 돈을 금리 3%인 적금 상품에 30년 동안 넣으면 원금만 4,860만 원이고, 이자가 약 2,200만 원이 붙어 7,053만 원 정도를 받을 수 있습니다. 이 돈을 연금저축에 넣으면 어떻게 될까요?

담배를 피우는 사람은 담배만 피우는 것이 아니라, 라이터도 사야 하고, 목이 답답하니 커피나 음료도 마시게 되니 추가적인 돈이 필요합니다. 그래서 한 달에 13만 5천 원이 아니라 15만 원 정도가 든다고 가정해 봅시다. 30세 남자가 매달 15만 원씩 30년 동안 연금저축상품에 넣으면, 원금만 5,400만 원이고 30년 시점의 해지환급금은 7,486만 1,320원입니다. 돈을 찾지 않고 연금으로 받으면 매년 301만 원씩 받을 수 있는데, 100살까지 40년을 받으면 1억 2,040만 원을 받을 수 있습니다. 여기다 돈을 내는 동안 매년 최대 29만 7천 원, 30년이면 891만 원의 세액공제 혜택까지 받을 수 있습니다.

■ 사소한 유혹을 멀리하자

　스타벅스 커피잔에는 로고가 새겨져 있습니다. 로고 속의 산발한 여자는 그리스 신화에 나오는 '사이렌'입니다. 사이렌은 신체의 반은 새이고, 반은 사람인 형상을 하고 있는데, 아름다운 노랫소리로 뱃사람들을 유혹하여 배를 난파시키던 마녀였습니다. 호메로스가 쓴 서사시 〈일리아드〉와 〈오디세이아〉에는, 트로이 전쟁의 영웅 오디세우스가 귀향하는 도중, 부하들은 귀를 막고 노를 젓고 자신은 돛대에 묶여 사이렌의 노래를 듣는 장면이 나옵니다. 사이렌의 유혹을 직접 체험해 보고 싶었던 것이죠.

　소방차에서 울리는 요란한 소리도 사이렌인데, 1819년 프랑스의 '투르'라는 발명가가 경보장치에 사이렌이라는 이름을 붙인 이후로 사이렌이라고 부르게 되었다고 합니다. 마녀인 사이렌이 소리로 사람들을 위험에 빠뜨리게 한 데 착안하여, 소리로 위험을 알려 주는 경보장치에 그 이름을 따다 붙인 것이죠. 스타벅스를 만든 하워드 슐츠는 노래가 아닌 커피 향기와 고급스러운 인테리어를 통해 사이렌처럼 사람들을 유혹하고 싶었던 것 같은데, 그 소망이 가장 잘 이루어지고 있는 나라 중 하나가 우리나라입니다. 매장 수만 봐도 세계 5위권이고, 각 매장마다 고객들이 넘쳐 납니다.

　지방에 강의 다녀오는 길에 휴게소에 들러 1,000원짜리 캔커피를 하나 사서 마시고 있으면, 어디선가 들려오는 '띵동' 소리! 대학 다니는 작은딸이 스타벅스에서 커피 한 잔을 주문했다는 것을 알려 주는 문자 메시지입니다. 절약은 아빠의 몫이고, 지출은 딸의 권리일까요? 오늘도 사이렌의 유혹을 떨쳐 버리지 못해 기어이 스타벅스를 찾는 우리 딸! 다른 젊은이들에게 이야기할 것도 없이, 딸에게 먼저 이 글을 읽게 해야 하는 이유입니다.

25
동시에 저축하자

　행복한 부자로 가는 더하기(+) 습관 세 번째는 '동시에 저축하자'입니다. 학자금대출도 상환해야 하고, 결혼도 해야 하고, 집도 사야 하고, 할 일도 많은데, 저축 방법만 바꿔도 삶이 달라집니다. 저축에도 가로, 세로가 있습니다. 세로 저축은 한 가지 목표가 달성되면 다음 목표에 도전하는 방식이고, 가로 저축은 여러 목표를 동시에 추구하는 방식입니다. 가로 저축과 세로 저축의 차이는 '기간의 힘을 어떻게 활용하느냐'에 달려 있습니다.

■ 저축 방법에 따른 이자의 차이

　10년 동안 월 100만 원의 저축 여력이 있는 A, B 두 사람이 있습니다. A는 매달 100만 원씩 1년 동안 모은 후 찾아서 쓰는 방식을 10번 반복합니다. B는 100만 원을 나눠서, 매달 20만 원은 2년 동안 모아서 찾아 쓰는 것을 5번, 매달 30만 원은 5년 동안 모아 찾아 쓰는 것을 2번, 그리고 50만 원은 10년 동안 모아 찾아 쓰는 것을 1번 합니다. 두 사람이 얻는 이자는 어떻게 다를까요? A, B 모두 금리 2%에 비과세인 상품에 저축을 한다고 했을 때, A, B가 얻은 이자의 차이는 무려 1,062만 원이나 됩니다.

※ 월 100만 원 가로 저축 VS 세로 저축

구분	A(세로 저축)	B(가로 저축)		
월 저축액	100만 원	20만 원	30만 원	50만 원
저축 방법	1년 × 10회	2년 × 5회	5년 × 2회	10년 × 1회
이자	1,950,000	750,000	2,745,000	9,075,000
		12,570,000		
차	10,620,000			

■ 5대 자금 모으기

더 장기적인 여러 가지 목표를 가지고 저축하는 방법을 생각해 볼까요? 어떤 30세 젊은이가 라이프사이클을 그려 보니, 33세에는 비상자금 1천만 원, 43세가 되면 주택구입자금 3억 원, 50세 시점에는 자녀교육비로 1억 원, 55세에는 자녀 결혼비용으로 1억 5천만 원, 마지막으로 60세 시점에 노후자금 5억 원이 필요하겠다는 계산이 나왔다고 합시다. 그럼 이 젊은이에게 필요한 돈은 총 10억 6천만 원이 됩니다. 이 돈을 어떻게 모으는 것이 좋을까요?

※ 저축에 앞서 목표 세우기

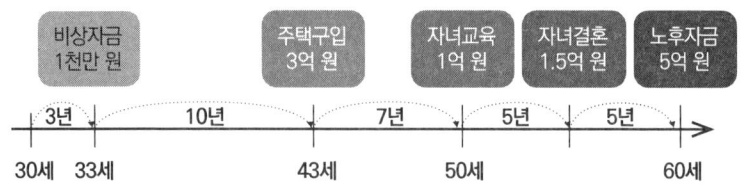

■ 세로 저축과 가로 저축

먼저 세로 저축 방식을 생각해 봅시다. 월 복리 3%를 가정했을 때, 먼저 33세에 필요한 1,000만 원을 모으기 위해 3년 동안 매월 약 27만 원 정도를 저축합니다. 그게 끝나면 43세에 필요한 주택구입자금 3억 원을 모으기 위해 매월 약 219만 원씩 10년 동안 저축하고, 그게 끝나면 다시 50세 때 필요한 1억 원을 만들기 위해 매월 108만 원씩 7년 동안 저축하는 방식으로 계속 저축을 해 나가는 것이죠.

※ 세로 저축으로 5대 자금 모으기

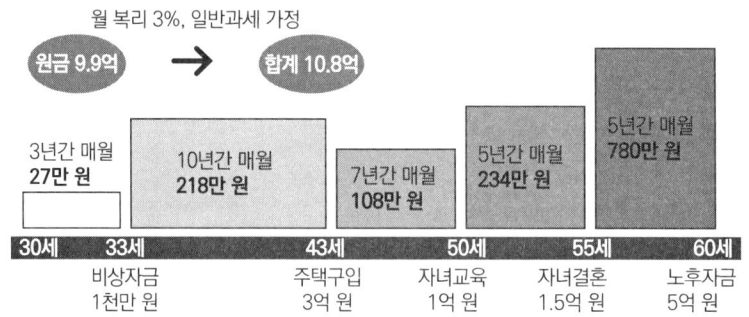

가로 저축은 가장 멀리 있는 노후자금 5억부터 시작합니다. 현재 30세이니까, 60세 시점에 5억을 만들기 위해서는 30년 동안 매월 91만 원씩 저축을 해야 하고, 55세 시점에 자녀결혼자금 1억을 만들기 위해서는 25년 동안 매월 35만 원씩 저축해야 합니다. 50세 시점에 1억을 만들기 위해서는 20년 동안 매월 32만 원씩의 저축이 필요합니다. 이런 식으로 점점 앞으로 오면서, 목표자금 달성에 필요한 월 저축액을 계산해 봅니다. 그럼 첫해에 가장 큰 부담이 되지만, 뒤로 갈수록 목표가 하나씩 순차적으로 달성이 되면서 부담이 줄어듭니다.

※ 가로·세로 저축으로 5대 자금 모으기

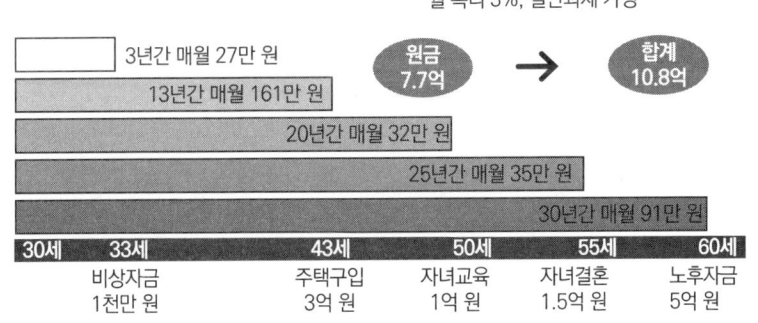

총 저축한 금액을 보면, 세로 저축의 경우 9억 7천만 원을 내고 10억 6천만 원을 받는 셈이고, 가로 저축은 7억 7천만 원을 내고 10억 6천만 원을 받는 셈입니다. 가로 저축이 세로 저축보다 2억 원 정도를 덜 내고 동일한 금액을 받는데, 그 차이를 만든 것은 기간의 힘입니다.

※ 가로 저축과 세로 저축 비교

세로저축	필요시점	필요자금	투자기간	월 투자금액	투자원금	세후이자
비상자금	33세	1천만	3년	267,018	9,612,648	387,342
주택구입	43세	3억	10년	2,189,832	262,779,840	37,220,136
자녀교육	50세	1억	7년	1,085,768	91,204,512	8,795,467
자녀결혼	55세	1.5억	5년	2,341,268	140,476,080	9,523,927
노후자금	60세	5억	5년	7,804,226	468,253,560	31,746,399
計		10.8억	5년	–	972,326,640	87,673,271

세로저축	필요시점	필요자금	투자기간	월 투자금액	투자원금	세후이자
비상자금	33세	1천만	3년	267,018	9,612,648	387,342
주택구입	43세	3억	13년	1,616,431	252,163,236	47,836,712
자녀교육	50세	1억	20년	317,059	76,094,160	23,905,570
자녀결혼	55세	1.5억	25년	353,385	106,015,500	43,984,395
노후자금	60세	5억	30년	909,640	327,470,400	172,519,511
計		10.8억		3,463,533	771,355,944	288,633,530

■ 힘들어도 가로 저축을 하자

보통 사람들이 많이 하는 저축 방식인 세로 저축은, 단기적인 목표를 설정하여 빠르게 돈을 모으기에는 효과적이지만, 저축 기간이 짧아 이자가 적고, 목표를 달성한 이후에는 모은 돈을 쉽게 써 버릴 위험이 있습니다. 멀리 내다보고 하는 가로 저축은 너무 무리하게 계획을 세웠다가 소득 중단과 같은 뜻밖의 경우가 생기면 낭패를 볼 수 있지만, 각 목표자금에 대한 저축 기간이 길어 이자가 많이 붙고, 노후까지 장기간의 목표 설정을 통해 지속적으로 저축하고, 낭비하지 않는 습관을 형성하는 데 효과적입니다.

가로 저축은 세로 저축에 비해 초기에 저축해야 하는 금액이 큰 것이 부담입니다. 하지만, 젊어서는 돈을 벌 수 있지만 나이가 들어 갈수록 돈을 벌 수 있는 기회가 줄어든다는 점을 생각하면, 가로 저축을 해야 할 필요성은 커집니다. 세로 저축을 하면 갈수록 부담이 늘고 여유가 사라집니다. 가로 저축을 하면 초기에는 부담이 되지만, 하나씩 목표가 달성되어 갈수록 부담이 줄어들고, 여유가 생기며, 성취감은 커집니다. 여름은 길지 않고, 젊음도 잠깐입니다. 초기 저축 금액이 부담이 되면 목표금액을 낮추어서라도 가로 저축을 하십시오.

26
오래 저축하자

　행복한 부자로 가는 더하기(+) 습관 네번째는 '오래 저축하자'입니다. '우공이산(愚公移山)'이라는 사자성어 아시죠? '우공이 산을 옮긴다'는 뜻입니다. 옛날 중국에 우공(愚公)이라는 90세 노인이 살고 있었는데, 사방 700리에 크고 높은 산들이 집의 앞뒤를 가로막고 있어, 오고 가는 데 지장이 많았습니다. 그래서 산을 옮기기로 작정을 했습니다. 세 아들과 손자들을 데리고 돌을 깨고 흙을 파서, 발해만까지 갖다 버리고 오는 데 꼬박 1년이 걸렸습니다. 그것을 본 사람들이 비웃었습니다. "죽을 날도 멀지 않은 노인네가 망령이 났나 보다"라고 말이죠. 그러자 우공은 "내가 죽으면 아들이 하고, 그다음은 손자가 하고, 그다음은 증손자가 하고, 이런 식으로 자자손손 계속하면 언젠가는 저 두 산도 평평해지고 말 거야"라고 말했습니다.

■ 일찍 시작해야 오래 할 수 있다

'우공이산'은 어떤 큰일이든 시간이 걸려서 그렇지, 끊임없이 노력하면 반드시 이룰 수 있다는 말입니다. 저축도 마찬가지입니다. 오랜 시간 노력하면 큰돈을 모을 수 있습니다. 아래 그림에서 보다시피, 10살 아이가 약 9만 원씩 금리 4%의 상품에 매달 저축하면, 60세에 1억 원을 모을 수 있습니다. 10만 원도 안 되는 돈이지만, 50년 동안 계속 쌓다 보니, 1억 원이나 되는 큰돈이 만들어지는 것이죠.

※ 연령별 1억 모으기

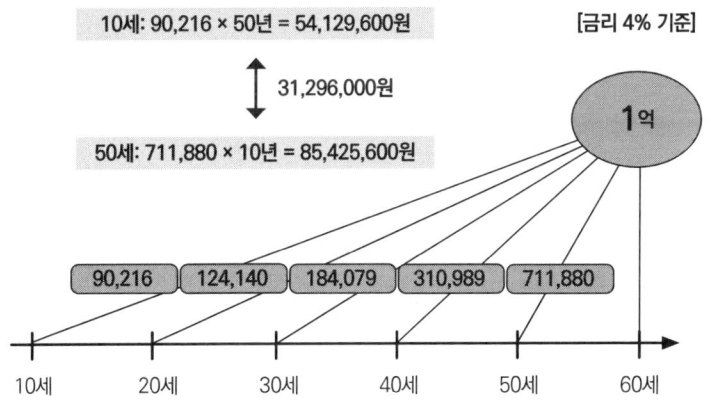

20살 청년도 매달 12만 4천 원 정도를 40년 동안 저축하면, 60세에 1억 원을 만들 수 있습니다. 10살 아이보다 늦게 시작한 결과 매달 내야 되는 돈은 늘어났지만, 어쨌든 40년 동안 저축을 계속하니 1억을 모을 수 있는 것이고, 50살 먹은 아저씨도 71만 원씩 10년을 저축하면 1

억 원을 모을 수 있습니다. 나이에 관계없이 일정 금액을 꾸준히 저축하면 나머지는 시간이 알아서 해결해 줍니다. 그래서 '세상에서 가장 뛰어난 펀드매니저는 시간'이라는 말도 있습니다.

한 가지 아쉬운 점은, 10살 때 저축을 시작한 아이는 매달 9만 원만 내면 되는 반면, 50살 때 저축을 시작한 아저씨는 매달 71만 원씩을 내야 한다는 것입니다. 10살 때 시작한 아이는 5,400여만 원 정도를 내고 1억을 받는 반면, 50살 때 시작한 아저씨는 7,100여만 원을 내고 1억을 받게 됩니다. 납입한 돈 총액의 차이가 무려 3,100여만 원이나 됩니다. 50세 아저씨는 늦게 시작한, 시간을 낭비한 죗값을 치르게 되는 것이죠.

■ 진리는 하나로 통한다

대나무 중 하나인 '모죽'은 씨를 뿌린 후 5년 동안은 아무리 물을 주고 가꾸어도 싹이 나지 않지만, 5년이 지나면 손가락만 한 죽순이 돋아나고, 주 성장기인 4월이 되면 하루에 80cm씩 쑥쑥 자라기 시작해 30m 높이까지 자란다고 합니다. 이놈의 대나무가 도대체 5년 동안이나 뭘 했나 싶어 땅을 파 보았더니 그 뿌리가 사방으로 10리가 넘게 뻗쳐 있었습니다. 큰 대나무로 자라기 위해 무려 5년 동안이나 튼실한 뿌리를 내리는 데만 집중한 것입니다. 뿌리는 기초인데, 기초 공사를 튼튼하게 하고 나니, 그다음의 성장에는 거침이 없어진 것이죠.

무슨 일이든 성공을 만드는 요인 중 하나는 꾸준함입니다. 말콤 글래드웰은 그의 저서 《아웃라이어》에서 '1만 시간의 법칙'을 이야기했습니다. 어떤 분야에서든 큰 성과를 내기 위해서는 1만 시간의 훈련이 필요하다는 것입니다. 집중해서 하루 3시간씩, 일주일이면 20시간, 한 달이면 80시간, 1년이면 약 1,000시간이니, 1만 시간은 10년을 말하는 것입니다. 다시 말하면 '1만 시간의 법칙'은 곧 '10년의 법칙'이기도 합니다.

이와 비슷한 용어로 '임계점'이 있습니다. 임계점은 어떤 물질의 구조와 성질이 바뀔 때의 온도나 압력을 말합니다. 물은 99℃에서 끓지 않습니다. 100℃가 되는 순간 물은 액체에서 기체로 변하기 시작합니다. 100℃가 물의 임계점입니다. '티핑포인트(Tipping point)'도 같은 의미의 용어입니다. 티핑포인트는 어떤 현상이 처음에는 아주 미미하게 진행되다가, 어느 순간 균형을 깨고, 예기치 못한 일이 폭발적으로 일어나는 시점을 말합니다. 따뜻한 봄 햇살에 무르익은 꽃봉오리가 '톡' 하고 벌어지는 순간을 생각해 보십시오. 그 순간이 바로 티핑포인트입니다.

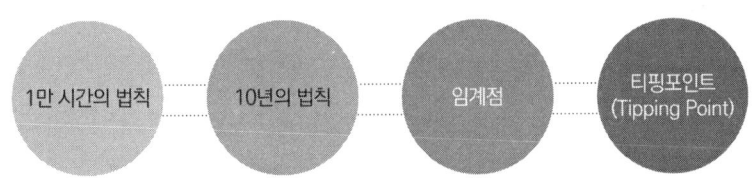

■ 시간의 힘을 믿자

재테크도 마찬가지입니다. 1,000만 원을 월 복리 3% 상품에 예치해두면, 시간에 따라 이자가 늘어납니다. 10년 시점의 이자는 295만 원이지만, 20년 시점에는 694만 원, 30년 시점에는 1,232만 원, 40년 시점에는 1,958만 원 그리고 50년 시점에는 무려 2,938만 원의 이자가 붙은 것을 알 수 있습니다. 원금보다 이자가 3배나 많아진 것이죠.

※ 1천만 원을 월 복리 3%로 예치할 경우 세후 이자의 변화

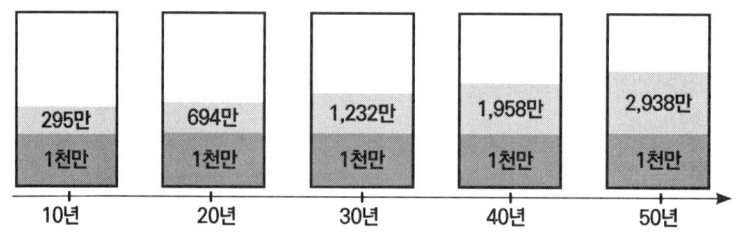

10년 시점 이자에 비해 20년 시점 이자는 399만 원이 많지만, 20년 시점 이자에 비해 30년 시점 이자는 538만 원이 더 많고, 40년 시점 이자는 30년 시점 이자보다 726만 원이 더 많고, 50년 시점 이자는 40년 시점 이자보다 980만 원이 더 많습니다. 그리고 그 차이는 시간이 갈수록 더욱 커집니다. 처음에는 이자가 그다지 빨리 늘지 않습니다. 하지만 어느 순간, 즉 임계점을 지나면, 때를 만나 쑥쑥 자라나는 '모죽'과 같이 급격하게 이자가 늘어납니다. 시간이 갈수록 이자에 이자가 붙는 복리의 위력이 제대로 발휘되기 시작하기 때문입니다. 시간의 힘을 믿고, 오래 저축하십시오.

참고1 저축의 기초, 예·적금

종잣돈을 모으는 데 있어 가장 좋은 방법은 저축입니다. 저축(貯蓄, Saving)은 '돈을 모으는 것'을 말합니다. 저축은 소득 중에서 소비되지 않은 부분을 말하기도 합니다. 예를 들어 500만 원을 벌어 300만 원을 쓰면 나머지 200만 원은 저축인 셈입니다. 저축을 하기에 적합한 금융상품에는 예금과 적금이 있습니다.

■ 정기적금(자료 출처: 저축은행 중앙회)

매월 일정 금액을 정기적으로 납입하고 만기일에 원리금을 지급받는 상품으로 푼돈을 모아 목돈을 마련하는 데 가장 보편적인 장기저축상품입니다.

상품특징	월적금 및 일일적금, 자유적립식 적금 형태로 운영 세금우대 가능
가입대상/예치한도	제한 없음
이자계산	월적금: 6개월 이상 10년 이내 (1개월 단위 예치 가능) 일일적금: 100일 이상 3년 이내에서 10일 단위 자유적립식 적금: 6개월 이상 10년 이내
예금보호	"이 예금은 예금자보호법에 따라 예금보험공사가 보호하되, 보호 한도는 본 상호저축은행에 있는 귀하의 모든 예금보호 대상 금융상품의 원금과 소정의 이자를 합하여 1인당 "최고 5천만 원"이며, 5천만 원을 초과하는 나머지 금액은 보호하지 않습니다."

■ 정기예금(자료 출처: 저축은행 중앙회)

목돈을 일정기간 동안 예치하고 매월 또는 만기에 이자를 지급하는 가장 보편적인 장기저축상품입니다.

상품특징	단리 또는 복리식으로 운영, 세금우대 가능
가입대상/예치한도	제한 없음
이자계산	매월 이자지급 또는 이자를 원금에 가산 (복리)
예금보호	"이 예금은 예금자보호법에 따라 예금보험공사가 보호하되, 보호 한도는 본 상호저축은행에 있는 귀하의 모든 예금보호 대상 금융상품의 원금과 소정의 이자를 합하여 1인당 "최고 5천만 원"이며, 5천만 원을 초과하는 나머지 금액은 보호하지 않습니다."

■ 예·적금 상품 선택 시 유의사항

1. 금리가 높은 상품 찾기

적금이나 예금 상품을 선택할 때 가장 먼저 살펴보아야 할 부분은 금리입니다. 일반적으로 금리는 정기적금 금리가 정기예금 금리보다 높습니다. 하지만, 정기적금에는 단리, 정기예금에는 복리의 이자가 붙게 됩니다. 단리는 원금에 대해서만 이자가 붙고, 복리는 이자에 이자가 붙는 방식입니다. 따라서 금리가 동일하다면 복리가 유리하고, 저축액이 클수록, 저축기간이 길어질수록 만기 후 실수령액의 차이는 커집니다. 예·적금 상품과 금리는 '은행연합회'나 '저축은행중앙회' 사이트에 들어가면 확인할 수 있습니다.

2. 주거래은행 만들기

예·적금에 가입할 때 예금, 외환, 신용·체크카드, 자동이체 등 거래실적이 좋으면 우대금리를 제공받을 수 있습니다. 따라서 여러 은행을 거래하기보다는 '주거래은행'을 만들고, 추가로 우대금리 혜택을 적용받을 수 있는지 확인하는 것이 좋습니다.

3. 세금 혜택 확인하기

예·적금 가입 전에, 연령이나 경제상황 등을 고려하여 세금 혜택을 받을 수 있는 상품인지 확인해 보아야 합니다. 일반적으로 이자소득에 대해서는 15.4%의 이자소득세가 과세되지만, 비과세 상품, 세금우대상품, 세액공제 상품처럼 세제 혜택을 주는 상품들도 있습니다. 세금을 절세할 수 있다면 이자를 더 받는 것이나 다름이 없으니, 금융상품에 가입할 때는 꼭 세금 관련 내용을 확인하기 바랍니다.

참고2 예·적금을 활용한 풍차 돌리기

　종잣돈을 만드는 방법 중 하나가 적금 풍차 돌리기인데, 그 방법은 간단합니다. 1년 동안 매달 하나씩 12개의 1년 만기 적금통장을 만들어 돈을 넣는 것이죠. 그럼 1년 뒤에는 순차적으로 만기가 찾아옵니다. 매달 하나씩 만기금을 찾아 적금이나 예금에 재투자하면 점점 더 돈을 불려 나갈 수 있어 풍차 돌리기라고 합니다. 매달 내는 돈은 형편에 맞춰 적게 시작해도 상관이 없는데, 매달 10만 원을 가지고 하는 방법을 생각해 볼까요?

■ 매월 10만 원 적금 풍차 돌리기

　그 시작은 1년 동안 매달 10만 원씩 1년 만기 적금에 가입하는 것입니다. 그럼 첫 달에는 적금 통장이 1개, 다음 달에는 2개, 그다음 달에는 3개로 늘어나 12번째 달에는 12개의 통장이 만들어집니다. 그리고 13번째 달이 되면, 첫 달에 넣은 적금의 만기가 돌아오고, 14번째 달에는 두 번째 달에 넣은 적금의 만기가 돌아오고, 최종적으로 24번째 달에는 12번째 넣은 적금의 만기가 되어 풍차 돌리기의 한 사이클이 완성됩니다.

※ 1년 동안 매월 10만원 통장 만들기

구분	1	2	3	4	5	6	7	8	9	10	11	12	13	14	15	16	17	18	19	20	21	22	23	24
1월	10	10	10	10	10	10	10	10	10	10	10	10	만기											
2월		10	10	10	10	10	10	10	10	10	10	10	10	만기										
3월			10	10	10	10	10	10	10	10	10	10	10	10	만기									
4월				10	10	10	10	10	10	10	10	10	10	10	10	만기								
5월					10	10	10	10	10	10	10	10	10	10	10	10	만기							
6월						10	10	10	10	10	10	10	10	10	10	10	10	만기						
7월							10	10	10	10	10	10	10	10	10	10	10	10	만기					
8월								10	10	10	10	10	10	10	10	10	10	10	10	만기				
9월									10	10	10	10	10	10	10	10	10	10	10	10	만기			
10월										10	10	10	10	10	10	10	10	10	10	10	10	만기		
11월											10	10	10	10	10	10	10	10	10	10	10	10	만기	
12월												10	10	10	10	10	10	10	10	10	10	10	10	만기
월납입	10	20	30	40	50	60	70	80	90	100	110	120	110	100	90	80	70	60	50	40	30	20	10	1,440만

적금의 경우 대개 단리 이자가 붙고, 요즘 같은 저금리 시대에 금리도 높지 않아 이자는 얼마 되지 않지만, 120만 원의 원금에 약간의 이자가 붙은 금액을 매달 찾는 재미가 쏠쏠합니다. 첫 달 10만 원으로부터 12번째 달 120만 원에 이르기까지, 2년 동안 모을 수 있는 돈은 원금만 1,440만 원입니다. 직장생활 하면서 연봉을 많이 받아도 1년에 1,000만 원 모으기가 쉽지 않은 것에 비춰 보면, 돈을 모으는 좋은 방법이 될 수 있습니다.

은행연합회 사이트에서 1년 만기 정기적금 상품을 검색해 보면, 2021년 12월 현재 가장 높은 이자를 주는 상품의 금리는 3% 정도입니다. 매달 10만 원씩 금리 3%의 적금 상품에 넣으면, 1년 뒤 세후 이자는 16,497원이고, 만기금은 원금과 이자를 더해 1,216,497원이 됩니다. 적금이 12개이니, 풍차 돌리기를 통해 총 받을 수 있는 금액은 원금

1,440만 원에 이자 197,964원(16,497원×12개)을 합쳐 14,597,964원이 됩니다.

그런데 이런 방식으로 할 경우 매달 넣어야 할 돈은 1년 차에는 매달 10만 원씩 늘어났다가 2년 차에는 매달 10만 원씩 줄어들게 됩니다. 즉 첫 달에 10만원, 다음 달에 20만 원, 12번째 달에는 120만 원까지 늘어났다가 13번째 달부터는 매달 10만 원씩 줄어들게 됩니다. 수입은 일정한데, 저축액을 1년 동안 매달 10만 원씩을 늘려 가기 쉽지 않고, 중도에 포기할 가능성이 높습니다. 같은 금액을 가지고 할 수 있는 다른 방법은 없을까요?

■ 연 2회 60만 원 적금 풍차 돌리기

적금은 매달 내는 것이라는 고정관념을 버리면 됩니다. 매달 10만 원씩 12번을 내지 말고, 첫 달과 마지막 달에 60만 원씩 두 번만 내는 것이죠. 적금 상품은 저축일수를 채워야 합니다. 첫 달 입금액은 12개월, 둘째 달 입금액은 11개월, 마지막 달 입금액은 1개월이라는 저축일수가 요구됩니다. 그런데 예정된 날짜보다 먼저 내면 '선납일수', 늦게 내면 '이연일수'가 생기는데, 이 둘을 더해 0이 되면 적금의 만기가 됩니다.

※ 6개월마다 60만원 저축

구분	1	2	3	4	5	6	7	8	9	10	11	12	13	14	15	16	17	18	19	20	21	22	23	24
1월	60												60	만기										
2월		60												60	만기									
3월			60												60	만기								
4월				60												60	만기							
5월					60												60	만기						
6월						60												60	만기					
7월							60												60	만기				
8월								60												60	만기			
9월									60												60	만기		
10월										60												60	만기	
11월											60												60	만기
12월												60												60	만기
월납입	60	60	60	60	60	60	60	60	60	60	60	120	60	60	60	60	60	60	60	60	60	60	60	1,440만

적금 상품은 돈을 예치해 둔 기간에 따라 금리가 다르게 적용됩니다. 매달 10만 원씩 3%의 이자를 주는 1년 만기 적금에 가입하면, 매달 내는 10만 원에 모두 3%의 금리가 적용될까요? 그렇지 않습니다. 첫 달에 납입한 돈에는 3% × 12개월/12개월로 3%의 이자가 붙지만, 두 번째 달에 납입한 돈에는 3% × 11개월/12개월로 2.75%의 이자가 붙고, 12번째 달에 납입한 돈에는 3% × 1개월/12개월로 0.25%의 이자가 붙는 것이죠.

※ 적치일수에 따른 적금이자

구분	1회차	2회차	3회차	4회차	5회차	6회차	7회차	8회차	9회차	10회차	11회차	12회차	평균
적치 개월수	12	11	10	9	8	7	6	5	4	3	2	1	-
적용이율	3.0	2.75	2.5	2.25	2	1.75	1.5	1.25	1	0.75	0.5	0.25	1.6

금리 3%의 1년 만기 적금에 가입하여, 첫 달과 마지막 달에 60만 원

씩을 넣는다면 어떻게 될까요? 첫 달에 넣은 돈에는 3%의 이자가 붙어 세후 이자가 15,228원이지만, 마지막 달에 넣은 돈은 0.25%의 이자가 붙어 세후 이자는 1,269원에 불과합니다. 이 둘을 합하면 16,497원이 되며, 매달 10만 원씩 12달 동안 넣었을 때 이자와 동일합니다. 매달 10만 원씩 넣으나, 첫 달과 마지막 달에 60만 원씩 두 번만 넣으나 결과가 같다는 말이죠. 이런 방법을 사용하면, 매달 넣어야 할 돈이 늘어나는 부담을 줄일 수 있습니다.

■ 매월 10만 원 적금 & 예금 풍차 돌리기

2년 차에 매월 하나씩 만기가 돌아오는 돈을 재투자하면 이자가 더 늘어납니다. 대개 적금 금리가 예금 금리보다 1% 정도 더 높지만, 실제 이자는 예금이 더 많습니다. 앞서 살펴본 대로, 같은 3%의 이자라고 해도, 적금은 적치일수에 따라 적용되는 이자율이 달라 평균 금리는 1.6%에 불과한 반면, 예금에는 3%의 이자가 그대로 붙기 때문이죠. 따라서 종잣돈을 모을 때는 적금으로 목돈을 모아 예금으로 불리는 방법이 좋습니다.

적금 풍차 돌리기 2년 차에 매달 만기가 되어 찾은 돈 1,216,497원을 2년 시점까지 월 복리 2%를 주는 예금에 넣는다고 생각해 봅시다. 첫 번째 적금의 만기금은 12달을 예치할 수 있으니 2년 시점에 세후 1,237,270원이 되고, 두 번째 적금의 만기금은 11달을 예치할 수 있으니 세후 1,235,523원이 되며, 열두 번째 적금의 만기금은 1달을 예치할 수 있으니 세후 1,218,212원이 되는데, 이를 모두 더하면 14,732,575원이 됩니다. 단순하게 12개의 적금의 만기금을 합산한 금액보다 134,611원의 이자가 더 많아졌습니다.

※ 적금 + 예금 활용

구분	1	2	3	4	5	6	7	8	9	10	11	12	13	14	15	16	17	18	19	20	21	22	23	24	만기금
1월	10	10	10	10	10	10	10	10	10	10	10	10	만기												1,237,200
2월		10	10	10	10	10	10	10	10	10	10	10	10	만기											1,235,523
3월			10	10	10	10	10	10	10	10	10	10	10	10	만기										1,233,779
4월				10	10	10	10	10	10	10	10	10	10	10	10	만기									1,232,038
5월					10	10	10	10	10	10	10	10	10	10	10	10	만기								1,230,299
6월						10	10	10	10	10	10	10	10	10	10	10	10	만기							1,228,564
7월							10	10	10	10	10	10	10	10	10	10	10	10	만기						1,226,832
8월								10	10	10	10	10	10	10	10	10	10	10	10	만기					1,225,102
9월									10	10	10	10	10	10	10	10	10	10	10	10	만기				1,223,375
10월										10	10	10	10	10	10	10	10	10	10	10	10	만기			1,221,651
11월											10	10	10	10	10	10	10	10	10	10	10	10	만기		1,219,930
12월												10	10	10	10	10	10	10	10	10	10	10	10	만기	1,218,212
월납입	10	20	30	40	50	60	70	80	90	100	110	120	110	100	90	80	70	60	50	40	30	20	10	1,440만	14,732,575

■ 예·적금 풍차 돌리기로 1억 모으기

좀 더 큰돈을 모으려면 어떻게 해야 할까요? 적금과 예금을 통해 1억 모으기에 도전해 봅시다. 만약에, 15년 동안 매년 월 50만 원씩 내는 1년 만기 정기적금에 가입하여 만기가 되면 예금으로 전환하고, 예금이 만기가 되면 다시 예금에 가입하는 것을 반복하면 어떻게 될까요? 매달 50만 원씩 단리 3%의 정기적금에 가입하면, 1년 후 세금을 제하고 6,082,485원을 받게 됩니다. 1년 만에 적지 않은 목돈이 생긴 것이죠.

이제 예금을 활용할 차례입니다. 1년 차에 모은 6,082,485원을 연 복리 2%의 3년 만기 정기예금에 넣으면 3년 후 6,397,448원이 되고, 다시 이 돈을 3년 만기 정기예금에 넣으면 3년 후 6,728,720원이 됩니다. 이런 식으로 다섯 번을 반복하면 15년 시점까지 2년이 남습니다. 이제 3년 만기가 아니라 2년 만기 정기예금에 가입합니다. 그럼 15년 시점에는 7,698,026원이 됩니다. 14년 동안 1,615,541원의 이자가 붙었습니다.

※ 적금과 예금을 활용한 1억 모으기

1년 만기 적금 (단리 3%)	예금(3년, 2년, 1년 만기), 연복리 2%														
	1년	2년	3년	4년	5년	6년	7년	8년	9년	10년	11년	12년	13년	14년	15년
1월	50만	6,082,485		6,397,448			6,728,720			7,077,147			7,443,615		7,698,026
2월	50만		6,082,485		6,397,448			6,728,720			7,077,147			7,443,615	7,569,561
3월	50만			6,082,485		6,397,448			6,728,720			7,077,147			7,443,615
4월	50만				6,082,485		6,397,448			6,728,720			7,077,147		7,319,032
5월	50만					6,082,485		6,397,448			6,728,720			7,077,147	7,196,892
6월	50만						6,082,485		6,397,448			6,728,720			7,077,147
7월	50만							6,082,485		6,397,448			6,728,720		6,958,697
8월	50만								6,082,485		6,397,448			6,728,720	6,842,570
9월	50만									6,082,485		6,397,448			6,728,720
10월	50만										6,082,485		6,397,448		6,616,103
11월	50만											6,082,485		6,397,448	6,505,693
12월	50만												6,082,485		6,397,448
원금	600만													6,082,485	6,290,375
만기	6,097,500														6,082,485
세후	6,082,485														102,911,767

2년 차에 정기예금에 넣어 모은 돈도 13년 동안 3년 만기 예금 4번과 1년 만기 정기예금 1번을 활용하여 굴리면, 15년 시점에는 7,569,561원이 됩니다. 계속해서 3년 차에 모아서 굴린 돈은 7,443,615원이 되고, 4년 차에 모아서 굴린 돈은 7,319,032원이 되며, 마지막 15년 차에는 정기적금으로 모은 돈 6,082,485원만 있게 됩니다. 15년 시점에, 15

개의 통장에 모아진 돈을 모두 더하면 102,911,767원입니다. 1억이 넘는 돈이 모아진 것이죠.

물론 이렇게 번거롭게 하지 않고, 금리 3%의 15년 만기 정기적금에 가입하여 그냥 매달 50만 원씩 넣으면 이보다 더 많은 금액(세후 107,226,675원)을 모을 수 있지만, 우리나라 금융기관들이 판매하는 예·적금 상품의 만기는 길어야 3년 정도입니다. 3년 이상 만기가 긴 상품 자체가 없는 것이죠. 따라서 그나마 만기가 길고, 단리보다는 복리, 12개월 복리보다는 월 복리처럼 조금이라도 높은 금리를 주는 상품을 활용할 수밖에 없어, 위와 같은 방식으로 살펴본 것입니다.

저금리 시대에 예·적금은 돈을 모으는 수단으로서 가치가 떨어진다고 합니다. 그러나 시대에 관계없이 돈은 모아야 하고, 저축 습관은 길러야 하는데, 풍차 돌리기는 이 두 가지를 동시에 할 수 있는 방법입니다. 풍차 돌리기를 하면 매달 통장이 늘어나고, 저축액이 커지며, 적지 않은 만기금이 생기고, 그 돈을 재투자하는 재미를 맛볼 수 있습니다. 구르는 돌에는 이끼가 끼지 않지만, 구르는 돈에는 이자가 끼는 법입니다. 납입할 수 있는 돈이 적고, 금리가 낮더라도, 돈을 모을 생각이라면 풍차 돌리기부터 시작하면 어떨까요?

05
행복한 부자로 가는 빼기(-) 습관

27
마이너스를
마이너스하자

저와 매우 친한 후배의 친구는 몇 년 전까지만 해도 선물과 옵션을 통해 1,000억대 자산을 굴렸습니다. 후배가 투자 실패로 생활고에 시달릴 때는 여러 해 동안 매달 300만 원씩 지원을 해 주기도 했습니다. 그러나 최근에 물어보니 그 친구도 그 많은 돈을 다 날리고 상당히 어려운 처지가 되었다고 합니다.

크게 성공하거나 한몫 단단히 잡았던 사람들 중에 망한 사람들을 보면, '인생은 새옹지마(塞翁之馬)'라는 생각과 함께 큰 교훈을 얻을 수 있습니다. 일단 한 번 크게 성공했고 돈도 많이 벌었는데, 그것을 지키지 못하고 다시 나락으로 떨어지면, 그 허탈감과 상실감이 매우 클 것 같습니다.

■ 많이 벌고도 실패하는 사람들

영화 한 편 출연료가 100억이 넘는 '니콜라스 케이지'는 6,700만 년 된 공룡 두개골을 27억에 매입하고, 9대의 롤스로이스와 슈퍼카 50대, 개인 제트기, 수십 점의 그림과 보석을 구입하는 등 과도한 낭비벽으로 430억이 넘는 빚을 지고 파산했습니다. 그는 소득이 생기면 경제적 이득이 전혀 없는 특이하고 쓸데없는 물건을 구입하는 데 올인했습니다.

16세에 약 40억의 로또에 당첨된 영국 소녀 '캘리 로저스'는 호화 파티에 환상적인 여행, 과도한 선물 등으로 돈을 흥청망청 쓰다가 6년 만에 빈털터리가 되어 버렸습니다. 남자친구와의 불화로 두 번이나 자살을 시도하기도 했고, 현재는 엄마 집에 얹혀살면서 청소부로 일하고 있다고 합니다.

"누구나 근사한 꿈을 가지고 있다. 처맞을 때까지는…"이라는 명언과 함께, 권투 역사상 최강의 주먹이라고 불러도 손색이 없는 '마이크 타이슨'은 선수 시절에 3억 달러, 우리 돈 3,600억 이상을 벌었습니다. 그 많은 돈을 애완용 호랑이, 호화 저택, 보석 구입 등에 물 쓰듯이 쓰다 보니 거의 파산할 지경에 이르렀습니다. 다시 정신을 차리고 여러 가지 사업을 통해 다시 일어서고 있는 중인 그는 또 다른 명언을 남겼습니다. "핵주먹보다 파산이 더 무섭다"라고 말이죠.

〈행복을 찾아서〉라는 감동적인 영화의 주인공인 '윌 스미스'는 그가 출연한 영화와 그가 운영하는 여러 가지 사업의 성공으로 현재 할리우드 최고의 부자 중 한 명이 되었습니다. 하지만 그도 한때 파산을 경험한 적이 있습니다. 1980년대에 이미 백만장자 대열에 올랐던 그는, 과도한 지출로 많은 돈을 다 날리고, 30억 원이 넘는 세금을 내지 못해 전 재산을 국가에 반납해야 했습니다. 지금 그가 다시 부자가 된 것은, 파산이라는 쓰라린 경험을 통해 경제와 돈을 다시 배웠기 때문 아닐까 싶습니다.

■ 돈을 모으는 세 가지 단계

모든 일에는 단계(Process)가 있습니다. 우물가에서 숭늉부터 찾을 수는 없습니다. 마찬가지로 돈을 모으고 부자가 되는 과정은 크게 3단계로 이루어집니다. 첫 단계는 '집전(集錢)'으로 돈을 잘 모으는 것이고, 두 번째는 '용전(用錢)'으로 돈을 잘 사용하고 불리는 것이며, 세 번째는 '수전(守錢)'으로 모은 돈을 잘 지키는 것입니다.

※ 부자가 되는 과정

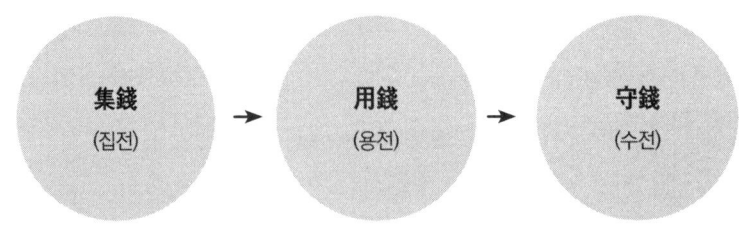

돈을 모으는 집전 단계에서는 지출을 줄여 저축을 하는 전략이 필요하고, 돈을 불리는 용전 단계에서는 불확실한 수익률보다, 원금을 보장할 수 있는 안전성이 중요합니다. 그리고 모은 돈을 지키는 수전 단계에서는 세금을 조심해야 합니다. 이를 인생 단계별로 나눠 보면, 젊어서는 집전, 중년에는 용전, 노년에는 수전이라고 할까요?

그런데, 사람들은 매달 돈을 벌고 쓰고, 저축과 투자를 하며 살아갑니다. 예를 들어, 월급이나 소득으로 500만 원을 벌어(집전), 300만 원을 생활비로 쓰고(용전), 나머지는 저축이나 투자를 통해 돈을 모은다(수전)고 할까요? 매달 집전, 용전, 수전이 동시에 이루어지고 있는 셈입니다. 어느 단계가 가장 중요할까요?

■ 돈은 버는 것보다 지키는 것이 더 중요하다

돈을 벌어야 무슨 일이든 할 수 있기 때문에, 첫 단계인 집전이 가장 중요하다고 생각할 수 있습니다. 하지만, 돈은 벌기보다 잘 쓰기가 어렵고, 돈을 지키기는 더 어렵습니다. 돈을 아무리 많이 벌어도 덮어놓고 쓰다 보면 거지꼴을 면하기 어렵고, 반대로 지출을 줄이면 그만큼 수입이 늘어나는 것과 같습니다. 따라서 수전이 제일 중요합니다.

돈은 내 손에 쥐고 있을 때만 내 돈이고, 이미 써 버린 돈은 내 돈이 아닙니다. 수학에서 마이너스(-)를 마이너스(-)하면 플러스(+)가 됩니다.

심리학자 알프레드 아들러는 "인간의 가장 놀라운 특성은 마이너스를 플러스로 바꾸는 힘이다"라고 했습니다. 부자로 가는 빼기(-) 습관의 핵심은 "마이너스를 마이너스하라"라는 말로 대신할 수 있습니다.

라틴어에서 유래한 마이너스(-)는 '모자라다'는 뜻입니다. 재테크에 있어 '모자람'은 '돈을 모으는 데 방해가 되는 요소들'입니다. 그것을 줄여 플러스로 바꾸는 것이 수전입니다. 오로지 돈의 노예인 수전노(守錢奴)가 되어서는 안 되겠지만, 돈을 모으는 데 있어 방해가 되는 요소를 사전에 줄여 플러스로 바꾸는 수전의 지혜는 꼭 발휘되어야 하겠습니다.

28
이중의 안전망을 치자

 행복한 부자로 가는 빼기(-) 습관 중 첫 번째는 '위험을 줄이자'입니다. 재테크의 4단계는 지키고, 모으고, 불리고, 남기고인데, 첫 번째가 '지키고'입니다. 축구를 할 때 아무리 공격을 잘해도, 수비가 튼튼하지 못하면 실점을 하기 마련입니다. 재테크를 할 때도 마찬가지입니다. 돈을 아무리 잘 모으고 불린다고 해도, 위험이 닥치면 그동안의 노력이 한순간에 물거품이 될 수도 있습니다. 위험에 대비하는 것 자체가 돈을 버는 일입니다.

※ 재테크 4단계

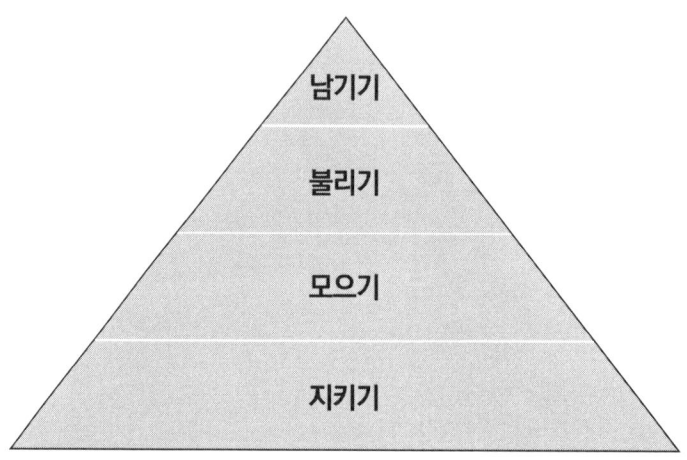

■ 예측 가능한 사건은 대비가 가능

위험은 손실이 생길 우려가 있는 상태를 말하는데 두 가지가 있습니다. 자녀 양육 및 결혼, 주택 마련 및 확장, 은퇴와 노후생활 등은 목돈이 드는 일입니다. 이러한 사건들에 대해 제대로 대비하지 못하면 빚을 지거나 생활이 곤궁해질 수 있는 위험이 있습니다. 하지만 경험치를 통해 발생 시점이나 필요한 돈의 규모를 예측할 수 있어, 대비도 가능합니다.

예를 들어, 현재 15세인 자녀가 30세에 결혼하는 데 1억 5천만 원이 필요하다면, 15년 남았으니까 1년에 1천만 원씩 모으면 된다고 간단하게 생각할 수 있습니다. 좀 더 구체적으로 말하면, 금리 2%의 일반과세

적금에 15년 동안 매달 73만 9,029원씩 넣으면 됩니다. 이처럼 예측 가능한 사건에 대비하는 노력은 '플랜 A'라고 해 봅시다.

■ 죽음은 100% 확실한 사건

반면, 사고가 나서 다치거나, 질병에 걸리거나 장해가 생기고, 사망에 이르는 등의 사건은 언제 발생할지 모르는, 즉 예측이 불가능한 사건들입니다. 인간의 힘으로는 알 수 없는 사건, 신(神)만이 알 수 있는 사건들이라고 할까요? 이런 사건들은 발생 시점이나 규모를 알 수가 없으니 대비도 불가능하여, 실제로 사건이 발생하면 막대한 피해가 생기기 마련입니다.

인간이 통제할 수 없는 사건 중 죽음은 100% 확실한 사건입니다. 사람은 누구나 죽습니다. 가난했든, 부자였든, 공부를 많이 했든, 적게 했든, 많은 권력을 누렸든, 평범한 소시민이었든 한 번은 죽습니다. 불로장생을 꿈꾸었던 진시황도 50세의 나이로 죽었습니다. 세상에 유일하게 평등한 것이 있다면 때가 되면 누구나 죽는다는 사실 하나뿐입니다. 하루하루 살아가는 것은 하루하루 죽음에 다가서는 일이기도 합니다. 그래서 매일매일이 소중한 것이죠.

※ 사망원인 통계: 통계청 생명표 재편집

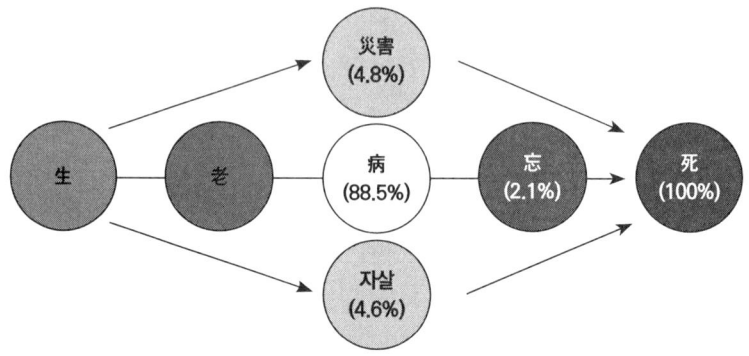

■ 예측 불가능한 여러 가지 위험들

2018년 우리나라 사망원인 통계를 보면 88.5%가 질병으로, 2.1%가 치매성 질환인 알츠하이머병으로 사망했습니다. 교통사고, 추락, 화상, 중독 등 질병 이외의 원인으로 사망한 사람이 4.8%, 스스로 목숨을 끊은 사람이 4.6%였습니다. 이걸 보면 90% 이상이 질병으로 사망한다는 것이니, 우리나라 사람들 대부분이 질병으로 사망한다고 봐도 무방할 것입니다.

많은 사람들이 잘 살고, 잘 늙고, 잘 죽는 것(生 → 老 → 死)을 꿈꾸지만 인생의 고통은 순차적으로 오지 않습니다. 살다가 뜻밖의 사고로 죽는(生 → 死) 경우도 있고, 젊은 나이에 치명적인 질병에 걸려 사망(生 → 病 → 死)하는 경우도 있으며, 아프지 않고 노후를 잘 보내던 중 갑자기 치매에 걸려 오래도록 고생하다가 사망(生 → 老 → 忘 → 死)하는 경우도 있습니다.

설령 죽을 정도는 아니지만, 감기 같은 자질구레한 질병부터, 수술이나 입원을 요하는 조금 더 심한 질병에 이르기까지 여러 가지 질병에 걸리기 쉽습니다. 세계보건기구(WHO)에서는 전 세계적으로 질병 부담이 높고 잘못하면 사망에 이를 수도 있는 심혈관질환, 당뇨병, 만성호흡기질환 등을 만성질환으로 관리하고 있는데, 2018년 우리나라에서 12가지 만성질환으로 진료를 받은 인원만 1,801만 명입니다.

또 우발적인 사고를 당할 수도 있는 것이 인생입니다. 2018년 한 해 293,361건에 달하는 각종 사고들이 발생했습니다. 교통사고, 화재사고, 등산·레저 관련 사고, 추락사고, 자전거사고, 수난사고, 해양사고 등 종류도 다양합니다. 사고는 때와 장소를 가리지 않고, 사고가 발생하면 재산상 큰 손실이 발생할 수도 있습니다. 이처럼 예측이 불가능하고 통제도 불가능한 사건에 대비하는 것은 '플랜 B'라고 합시다.

■ 위험 대비는 돈을 모으는 출발점

원래 플랜 A가 제대로 작동하지 못할 경우에 대비하여 준비하는 것이 플랜 B지만, 여기서는 인생의 두 가지 위험에 대한 대비를 플랜 A, B로 구분했습니다. 그런데 인생의 위험은 A, B를 구분하여 오지 않고, 한 덩어리로 뭉쳐서 오기 쉽습니다.

※ 이중의 안전망의 필요성

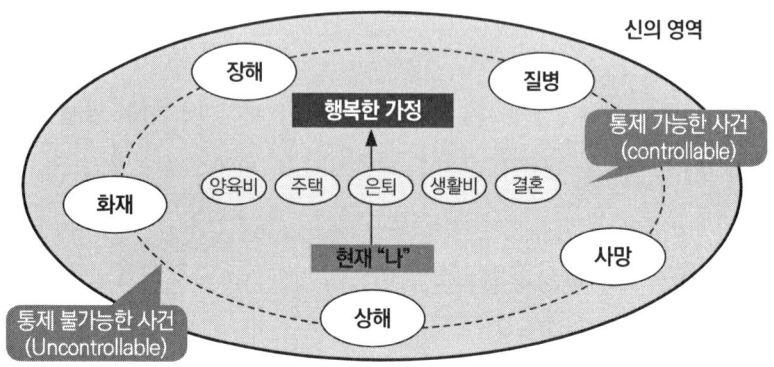

플랜 A도 준비를 못 한 상태에서 플랜 B의 상황을 맞게 되면 매우 힘든 상황이 벌어질 수 있습니다. 내가 잘못되면 어떤 재테크도 무용지물입니다. 오늘도 무사한 날들을 위해, 그리고 그것을 바탕으로 안정적으로 돈을 잘 모으기 위해, 삶에 이중의 안전망을 쳐야 합니다. 공격을 잘하기 위해 우선 수비를 튼튼히 하듯이, 재테크를 더 잘하기 위해 플랜 A와 B를 동시에 준비하는 것이죠. 위험에 대비함으로써 2차적인 손실을 줄이는 것, 유비무환(有備無患)이 곧 돈을 모으는 출발점이기 때문입니다.

29
지출을 줄이는
지름길은 저축

행복한 부자로 가는 빼기(-) 습관 두 번째는 '지출을 줄이자'입니다. 역사상 많은 부자들이 공통적으로 하는 말이 있습니다. '버는 것보다 적게 쓰라'는 것입니다. 소크라테스는 "재산이 많은 사람이 그 재산을 자랑하더라도, 그 돈을 어떻게 쓰는지 알 수 있을 때까지는 그를 칭찬하지 말라"라고 했습니다. 아무리 돈이 많아도 버는 것보다 쓰는 것이 많다면 얼마 못 가 파산을 할 수도 있습니다. 국내외를 막론하고 복권에 당첨되어 부자가 된 사람들 중에 파산한 사람들이 많습니다. 평생 만져 보지도 못할 돈이 생겼지만, 관리를 못하고 함부로 돈을 썼기 때문입니다.

버는 돈이 100원일 때 90원만 쓰고 10원이라도 저축을 계속하면 언젠가는 부자가 될 것이고, 110원을 써서 마이너스 인생이 계속되면 거지가 되는 것이니까, '부자와 거지의 차이는 20원'입니다. 요즘은 금리가 너무 낮아 '저축해서 어느 세월에 부자 되겠어'라고 생각하는 사람도 많지만, 그럼에도 불구하고 저축을 하지 않고 부자가 되는 것은 불가능합니다. 저축은 부자가 되는 첫걸음이자 모든 재테크의 시작이기 때문입니다.

■ 지출을 줄이는 방법

수입, 지출과 저축의 관계는 '수입 - 지출 = 저축'으로 정리할 수 있습니다. 이 식에서 저축이 많아지기 위해서는 수입은 늘어나고 지출은 줄어야 합니다. 그런데 갑자기 수입이 늘어나는 일이 있던가요? 월급쟁이 직장인의 경우, 수입은 내가 결정할 수 없고, 어느 직장이든 월급을 쉽게 올려 주지는 않습니다. 임금상승률이 물가상승률 이상만 되면 다행이고, 연봉제가 대세인 시대에 연봉이 깎이지만 않아도 천만다행입니다.

※ 일반인의 저축 공식

지출에는 고정비와 변동비가 있습니다. 고정비는 쉽게 말해 숨만 쉬어도 나가는 돈입니다. 아파트 관리비, 난방비, 전기세, 식비, 교통비, 교육비, 보험료처럼 필수적으로(Must) 지출해야 하는 돈입니다. 반면 변동비는 외식비, 여가생활비, 경조사비, 인격관리비, 용돈처럼 지출하면 더 좋을 수도 있고(May be), 아니면 지출하지 않아도 되는(Must not) 돈입니다. 고정비와 변동비를 나누는 기준은 개인이나 가정의 가치관에 따라 다르지만, 지출을 줄여야 한다는 점에서는 같습니다. 어떻게 줄여야 할까요?

먼저, 고정비를 줄여야 합니다. 집이 클수록 세금, 관리비, 냉난방비 등 고정적으로 들어가는 비용이 증가합니다. 4인 가족 통신비가 매월 30~50만 원이라면, 그 돈도 10년이면 3,600만 원에서 6,000만 원이나 됩니다. 능력보다 큰 차는 가난의 지름길(Car Poor)입니다. 고정비를 줄이기 위해, 가족 구성원 수에 적합한 크기의 집에 살고, 통신요금은 알뜰요금제를 쓰며, 렌털이나 배달서비스는 이용하지 않고, 예체능을 제외한 과목은 엄마가 직접 가르치며, 보험은 실비보험과 꼭 필요한 건강보험 하나 정도만 가입하는 등 고정지출을 줄일 수 있는 방법은 많습니다.

두 번째로, 큰돈을 아껴야 합니다. 푼돈 열 번 아끼는 것보다 큰돈 한 번 아끼는 것이 더 중요합니다. 시장에서 콩나물 천 원어치 살 때는 기를 쓰고 더 담으려고 애쓰면서, 값비싼 물건은 쉽게 사는 여성들도 있습니다. 하지만, 여성들은 대개 작은 사고를 치는 반면, 남성들은 큰 사고를 칩니다. 여성들은 오랜 숙고 끝에 명품백이나 액세서리 같은 다소 비싼 물건을 사지만, 남성들은 멀쩡한 차를 버리고 외제차로 바꾸기도 하고, 대책 없이 보증을 서기도 합니다. 규모가 다른 것이죠. 작은 것보다 큰 것을 살 때 충동구매 확률이 높습니다. 충동적 구매를 부르는 지름신을 멀리해야 합니다.

세 번째로, 보이지 않는 돈을 아껴야 합니다. 외식비를 줄이면, 돈도 벌고, 건강도 벌 수 있습니다. 가까운 거리는 걸어 다니면, 차비도 줄고 건강도 좋아져 의료비를 줄일 수 있습니다. 택시 기본요금 거리인 2km를 걸으면 3,800원을 절약하게 됩니다. 각종 수수료를 제때 내면 가산세나

연체료를 막을 수 있습니다. 시장이나 마트에 갈 때는 식재료 목록을 만들고 미리 식사를 하고 가면, 충동구매를 줄이고 음식물 쓰레기도 줄일 수 있습니다. 신용카드보다 체크카드나 현금을 사용하면 지출을 줄일 수 있습니다. 아낀다고 부자가 되지는 않지만 낭비하면 반드시 가난해집니다.

■ 저축부터 하고 지출하자

돈을 모으는 사람들의 공통점은 '검소함'입니다. 300억대 돈을 가진 어느 할아버지가 돌아가시면서 마지막으로 한 말씀은 "불 꺼라"였다고 합니다. 이제 다 끝났으니 불을 꺼서 전기료 아끼라는 말씀이었죠. 재산이 100조가 넘는 워런 버핏은 1958년에 구입한 집에서 개보수 공사를 해 가며 60년째 살고 있습니다. 현재 그가 타는 자동차는 2014년 5천만 원 정도에 구입한 캐딜락입니다. 차가 낡아서 창피하다는 딸의 불만을 듣고 차를 교체하기 전까지 몰던 차 역시 캐딜락으로 8년이나 탔다고 합니다. 또 애플의 5대 주주이지만, 삼성의 구형 핸드폰을 10년 가까이 사용하고 있기도 합니다.

※ 부자의 저축 공식

부자들은 우리가 생각하는 것 이상으로 아낄 줄 아는 사람들입니다. 부자들의 공식은 '수입 - 지출 = 저축'이 아니라 '수입 - 저축 = 지출'입니다. 수식에서 수입과 지출의 위치만 바뀌었을 뿐이지만 매우 큰 차이가 있습니다. 이는 먼저 쓰고 저축을 할 것인지, 저축부터 하고 남은 돈으로 쓸 것인지의 문제입니다. 워런 버핏은 "소비 후 남은 돈으로 저축하지 마십시오. 저축 후 남은 돈으로 소비하는 습관을 가지십시오"라고 말합니다. 앞서 여러 가지 방법들을 말했지만, 지출을 줄이는 가장 좋은 방법은 저축부터 하고 남은 돈으로 생활하는 것 같습니다. 저축이 곧 지출을 줄이는 지름길인 것이죠.

30
세(稅)테크가
곧 재테크

　행복한 부자로 가는 빼기(-) 습관 세 번째는 세금을 줄이는 것입니다. '소득이 있는 곳에 과세'가 있습니다. 국민인 이상 소득이 생겼으면 세금을 내는 것은 당연하지만, 무슨 놈의 세금이 그렇게도 많은지 놀랄 때가 있습니다. 태어났더니 주민세, 죽었더니 상속세, 술 한잔했더니 주세, 담배 하나 물었더니 담배세, 열심히 일했더니 소득세, 집을 하나 샀더니 재산세, 뭘 좀 주었더니 증여세, … 좀 있는 놈들은 탈세, 이래저래 죽어나는 것은 날세, 내가 보험 많이 들어 놓고 돌아가시면 아내는 만세!

■ 1년에 세 달은 세금을 내기 위해 일한다

　'세금해방일'을 아십니까? 세금해방일은 '조세부담률'을 365일에 적용하여 산출합니다. 기획재정부와 한국은행에서 예측한 자료에 따르면, 2020년 국가에서 거둬들일 세금은 370조 6,229억 원, 국민순소득은

1,625조 1,404억 원이었습니다. 세금 총액을 국민 순소득으로 나누면 22.8%가 나오는데 이를 '조세부담률'이라고 합니다. 그리고 이 22.8%를 윤달이 있었던 2020년의 366일에 곱하면 83.4일이 나오죠. 소수점 이하인 83을 초과한 것이니 84일로 보면, 1월 1일부터 84일째는 3월 24일이었습니다.

※ 세금해방일

- 조세부담률 = $\frac{세금}{국민소득}$ = $\frac{370조\ 6,229억}{1,625조\ 1,404억}$ = 22.8%

- 세금해방일 = 366일 × 22.8% = 84일 → 1월 1일부터 84일째 = 3월 24일

- 세금해방시간 = 하루 8시간 = 480분 × 22.8% = 109.44분 → 10시 49.44분

다시 말해, 1월 1일부터 3월 24일까지 번 돈은 세금 낼 돈이고, 3월 25일부터 번 돈이 비로소 내 수입이라는 말이 됩니다. 그래서 세금에서 해방되는 3월 24일을 '세금해방일'이라 부르는데, 이를 '하루'에 적용해 볼 수도 있습니다. 오전 9시부터 오후 6시까지, 점심시간 1시간 포함하여 9시간, 540분 동안 일을 한다면, 약 2시간 4분(9시간 × 22.8% = 123.12분), 즉 10시 4분까지 번 돈은 세금 낼 돈이고, 10시 5분부터 퇴근할 때까지 번 돈이 바로 그날의 내 수입이라는 것이죠. 그럼 10시 5분은 '세금해방시간'이 되나요?

조세부담률이 22.8%에 달하니, '1년에 약 석 달은 세금을 내기 위해 일한다'고 할 수 있을 만큼, 세금이 적지 않습니다. 더구나 이 세금해방일은 점점 늦춰지고 있습니다. 갈수록 세금이 늘어나고 있다는 말이죠. 소득이 높아지든지 세율을 낮출 수 있으면 좋을 텐데 그게 쉬운 일인가요? 소득을 높이는 것은 어느 정도 내가 결정할 수 있지만, 국가에서 정하는 세금에 대해서는 내가 어떻게 할 수 있는 부분이 없습니다.

17세기 프랑스의 재상 콜베르(1619~1683)는 세금을 걷는 기술을 '거위 털 뽑기'에 비유했습니다. 털을 뽑으면 거위가 아프다고 할 것입니다. 가급적이면 거위가 '아야~' 소리를 덜 내도록 조금씩 털을 뽑는 것이 좋은 것처럼, 세금도 국민들이 고통을 덜 느끼도록 그렇게 거둬들여야 한다는 것이죠. 세금을 내는 국민들 입장은 어떨까요? 자신의 소득에 비해 세금을 적게 낸다고 생각하는 국민은 아마 없을 것입니다.

■ 소득이 있는 곳에 세금이 있다

2022년 우리나라 사람들은 소득에 따라 8개 구간으로 나뉘어 6%부터 45%까지 세금을 내게 됩니다. 2020년까지는 7개 구간에 최고 세율은 42%였지만, 2021년부터 10억 초과 1개 구간이 더 늘었고, 최고 세율은 45%가 되었습니다. 이에 따라 소득(과세표준)이 1,200만 원 이하인 사람들은 6%의 세율이 적용되어 최대 72만 원(1,200만 원 × 6%)의 세금을 내는 반면, 소득이 10억 이상인 사람들은 최소 약 3억 8,500만 원 이상을 세금으로 내야 합니다.

※ 2022년 종합소득세율

과세표준 구간	세율	누진공제
1,200만 원 이하	6%	0원
1,200만 원 ~ 4,600만 원	15%	108만 원
4,600만 원 초과 ~ 8,800만 원	24%	522만 원
8,800만 원 초과 ~ 1억 5,000만 원	35%	1,490만 원
1억 5,000만 원 초과 ~ 3억 원	38%	1,940만 원
3억 원 초과 ~ 5억 원	40%	2,540만 원
5억 원 초과 ~ 10억 원	42%	3,540만 원
10억 원 초과	45%	6,540만 원

돈을 많이 벌었으니 세금도 많이 내는 것이 당연하다고 볼 수 있지만, 아무리 많은 돈을 벌었다 하더라도 세금을 많이 내고 싶어 하는 사람은 없을 것입니다. 그래서 조금이라도 절세할 수 있는 방법을 찾아 혈안이 되고, 심하면 탈세까지 하게 됩니다. 절세는 세법의 테두리 안에서 세금을 줄일 수 있는 방법을 찾는 것이고, 탈세는 수입 금액을 누락하거나, 거래가 없는데 비용을 쓴 것처럼 처리하거나, 실제보다 비용을 부풀려 처리하는 등, 고의로 사실을 왜곡하여 세금을 줄이는 것을 말합니다. 탈세에는 '조세범 처벌법'에 따라 엄격한 처벌이 따르는 법이니 절대로 탈세를 해서는 안 되겠습니다. 그럼 세금을 절세할 수 있는 방법은 무엇일까요?

■ 세금을 절약하는 방법

먼저, 금융상품 중 비과세 상품에 가입하여 '세금을 없애는 방법'이 있습니다. 앞서 언급한 것처럼, 비과세 상품에는 비과세 종합저축, 1천만 원 이하의 출자금 통장, ISA(개인종합자산관리계좌), 10년 이상 장기저축보험 같은 것들이 있습니다. 가입조건이나 가입한도가 정해져 있으니, 그 내용을 잘 확인하고 가입하면 되겠습니다.

두 번째는 '세금을 나누는 방법'이 있습니다. 과세체계가 누진세 구조라 소득금액이 커질수록 높은 세율을 적용받게 됩니다. 따라서 소득을 나누는 지혜가 필요합니다. '뭉치면 죽고, 흩어져야 산다'고 할까요? 예를 들면, 죽어서 100억에 대한 상속세를 내는 것보다 살아서 자녀 4명에게 각각 25억씩 증여를 하면 세금을 줄일 수 있습니다. 남편 혼자 사업소득 2억 원에 대한 세금을 부담하는 것보다, 아내를 공동사업자로 하여 각각 1억씩 소득신고를 하면 약 1,640만 원을 절세할 수 있는데, 이외에도 다양한 방법이 있습니다.

※ 절세 방법

소득 나누기		소득 바꾸기	
남편 단독 사업	아내와 공동명의 (1/2씩) 사업	100억 상속 시	자녀 4명에게 25억씩 증여 시
2억 원 × 38% − 1,940만 원 = 5,660만 원	• 1억 원 × 35% − 1,490만 원 = 2,010만 원 • 2,010만 원 × 2명 = 4,020만 원	100억 × 50% − 4억 6천만 원 = 45억 4천만 원	• 25억 × 40% − 1억 6천만 원 = 8억 4천만 원 • 8억 4천만 원 × 4명 = 33억 6천만 원
−	1,640만 원 절세	−	1억 1,800만 원 절세

세 번째는 공제 항목을 잘 챙겨 '세금을 줄이는 방법'이 있습니다. 우리나라 세금에는 공제 제도가 많습니다. 직장에서 열심히 일해 1억을 벌었을 때, 그 1억 전체에 대해 세금을 부과하는 것이 아니라, 인적공제, 공적연금보험료 공제, 소득공제 등 여러 가지를 뺀 뒤 나온 과세표준에 세율을 곱해 세금이 부과됩니다. 공제항목을 잘 챙기면 과세표준이 줄어들고, 낮은 세율이 적용되어 세금이 줄어들게 됩니다. 상속세, 증여세 등 여러 가지 세금에도 공제항목이 많으니 그 항목들을 잘 챙기면 세금을 절약할 수 있습니다.

※ 종합소득세 계산절차

1단계	2단계	3단계	4단계
종합소득금액 계산	(-) 종합소득공제	과세표준 × 세율	산출세액 - 세액공제/감면 - 기납부세액
(수입금액 - 필요경비)	= 과세표준	= 산출세액	= 자진납부세액

요즘 시대, 목돈 마련의 가장 큰 적(敵)은 저금리입니다. 1억을 1.5% 예금에 예치하면 1년 이자가 150만 원, 한 달로 따져 12만 5천 원입니다. 거기다 15.4%를 이자소득세로 떼면 손에 쥐는 것은 10만 5,750원에 불과합니다. 비과세 상품이나 세금우대상품이라면 조금 더 많은 이자를 받을 수 있습니다. 저금리 시대에는 한 푼이라도 세금을 아끼는 것이 수익을 높이는 방법입니다. '세테크가 곧 재테크'라는 것 잊지 마십시오.

31
지나친 욕심을
경계하자

행복한 부자로 가는 빼기(-) 습관 네 번째는 '욕심을 줄이자'입니다. 욕망은 부족감을 느껴 무언가를 가지거나 누리고자 탐하는 마음입니다. '다다익선(多多益善)'은 많으면 많을수록 좋다는 뜻으로 사람의 욕망을 대표하는 말입니다. 사람이 탐내는 것은 무수히 많습니다. 명문고, 명문대학, 좋은 직장, 예쁜 여자나 잘생긴 남자, 좋은 집, 고급 승용차, 비싼 양복, 진귀한 보석, 명품백, 골프채, 골동품, 명화(名畵), 높은 연봉, 지위, 명예, 권력까지 거의 세상의 모든 것을 탐낸다고 해도 과언이 아닙니다.

■ 욕심에는 끝이 없다

적당한 욕망은 삶의 활력소가 되지만, 욕망이 지나치면 욕심(慾心)이 됩니다. 욕심은 분수에 넘치게 무엇을 탐내거나 누리고자 하는 마음입니다. 욕심 욕(慾)자는 하고자 할 욕(欲)자와 마음 심(心)자로 이루어진 글자입니다. 하고자 할 욕(欲)자는 계곡 곡(谷)자와 하품 흠(欠)자가 결합된 글자로, 큰 계곡에서 흘러내리는 물을 다 받아 마시려는 듯한 모습을 하고 있습니다. 결코 채워지지 않는 인간의 욕심을 보여 주는 글자라고 할까요?

옛날에 쌀 99섬을 가진 어떤 사람이 욕심을 채우기 위해 쌀 1섬을 가진 사람에게 100섬을 채우게 해 달라고 했다는 이야기가 있습니다. 월가의 여성 투기꾼 헤티 그린에게 유일한 기쁨은 돈을 소유하는 것이었습니다. 부모에게 750만 달러를 상속받아, 죽기 전까지 1억 달러로 늘렸습니다. 하지만 15세 아들은 교통사고를 당해 다리를 절단해야 했습니다. 치료비를 아끼려고 자선병원에서 치료를 받게 하려고 하다가 거절을 당한 것이죠. 그녀는 돈을 불리는 것 외에는 어떤 것에도 관심을 갖지 않았습니다.

사람의 욕심은 파국을 맞을 때까지 끝을 모릅니다. 우리나라의 전래동화 흥부와 놀부, 금도끼 은도끼, 혹부리 영감님은 욕심을 부리면 망한다는 것을 알려 줍니다. 황금알을 낳는 거위나 욕심꾸러기 사자 같은 이솝우화도 마찬가지입니다, 동서고금을 막론하고 어떤 전래동화를 보더라도 욕심을 부려 끝내 잘되는 경우는 없습니다. 욕심은 또 다른 욕심을 부르고, 그 결과는 요즘 시쳇말로 '한 방에 훅 가는 것'뿐입니다.

■ 세상에는 공짜가 없다

작년에 코로나로 인해 주가가 폭락하자 외국인들이 10조 원에 이르는 국내 주식을 매도했는데, 이에 맞서 주식을 대거 매수함으로써 주가를 떠받친 많은 개인투자자들을 '동학개미'라고 부릅니다. 외세의 침략에 대항한 '동학농민운동'과 같다 하여 붙여진 신조어입니다. 최근에는 '서학개미'라는 신조어도 등장했는데, 박스권에 갇힌 국내 주식시장을 탈출하여 미국 주식에 투자하는 개인투자자들을 일컫는 말입니다.

작년에 종합주가지가 사상 처음으로 3,000포인트를 넘나들며 고공행진을 하자, 주식투자에 대한 관심이 높아졌고, 여기저기서 '이번이 다시 없는 기회다'라고 하니까 너도나도 주식시장에 뛰어들고 있습니다. 이런 가운데 고수익을 미끼로 경험이 부족한 개인투자자들에게 접근하는 '주식 리딩방'도 성행하고 있습니다. 카카오톡이나 텔레그램 등 단체 대화방을 이용하여, 리더나 애널리스트로 불리는 주식투자 전문가가 실시간으로 특정 종목의 주식을 매매하도록 추천(주식 리딩)해 준다는 것이죠.

이들은 '최소 ○○% 수익률 보장', '종목 적중률 ○○%' 등 근거 없이 허위광고나 과장광고를 통해 개인투자자를 유혹한 뒤, 고액의 이용료를 요구합니다. 만약에 고객이 환불을 요구하면 여러 가지 이유를 내세워 환불을 지연 또는 거부하여, 제대로 돈을 돌려받지 못하는 경우가 다반사입니다. 추천 예정인 종목을 미리 매수한 후, 회원들에게 매수를 권유하거나 허위 사실을 유포함으로써 주가를 올려 이득을 취하기도 합니다.

기대수익률이 높으면 실패 위험 또한 높습니다. 따지고 보면 '동학개미'든 '서학개미'든, 더 높은 수익을 찾아 주식시장을 기웃거리는 개인투자자에 불과합니다. 소위 말하는, '테슬라' 같은 '핫(Hot)'한 종목에 투자하여 단기간에 높은 수익률을 올릴 수도 있지만, 주식투자는 실패할 가능성도 크고, 고수익을 노리다가 금융사기의 먹잇감이 될 수도 있습니다. 세상에 공짜는 없습니다. '일확천금', '불로소득'도 없는 법입니다.

'다다익선(多多益善)'을 견제하는 또 다른 말이 '과유불급(過猶不及)'입니다. '지나침은 오히려 모자람만 못하다'는 뜻으로, 지나친 욕망을 경계하라는 말입니다. 한창 잘나가던 정치인, 연예인, 프로 선수가 하루아침에 나락으로 떨어지는 경우가 종종 생기는데, 그중 99%는 그릇된 욕망이나 지나친 욕심 때문입니다. 그 자리에 있기까지 많은 노력을 했겠지만, 추락하는 것은 날개가 없고, 재기하는 것은 거의 불가능합니다.

■ 욕심을 줄이자

영원불멸의 진리는 '빛은 어둠을 동반한다'는 것입니다. 예전에 월간 '산방'에 이런 글이 실렸습니다. "갈수록 빌딩은 높아지고 고속도로는 넓어졌지만, 오히려 우리의 성정은 더 급해지고, 시야는 좁아졌습니다. 돈은 더 쓰지만, 즐거움은 줄었고, 집은 더 커졌지만, 식구는 줄었습니다. 일은 대충대충 넘겨도, 시간은 늘 모자라고, 지식은 많아졌지만, 판단력은 줄었습니다. 더 좋은 약을 먹지만, 건강은 나빠지고, 가진 것은 많아졌지만, 가치는 줄었습니다. 달에 갔다 왔지만, 이웃과의 왕래는 더 힘들어졌고, 외부 세계는 정복했지만, 우리 안의 세계는 더 잃어버렸습니다. 수입은 늘었지만, 사기는 떨어졌고, 자유는 늘었지만, 활기는 줄었습니다. 요란한 결혼식은 많지만, 부끄러운 이혼은 더 늘었습니다. 집은 화려하고 편리해졌지만, 가정의 화합은 깨지고 있습니다. 이 모두가, 중요한 것을 보지 못하고 별 볼일 없는 것에 매달렸기 때문입니다."

욕망은 생명력의 원천이자, 살아가는 힘입니다. 욕망이 없으면 오늘날과 같은 문명도 없고, 미래도 없습니다. 욕망은 물질적 결핍을 채우고, 정신적 풍요를 신장시킵니다. 하지만 높은 곳에 있으면 반드시 위태로움이 따르듯이, 지나친 욕심은 어리석은 행동과 파멸을 부릅니다. 욕망을 디스카운트(discount)하고, 지나친 욕심을 경계해야 합니다. 재테크를 할 때도 마찬가지입니다. 모든 것이 그렇듯이, 성숙한 투자자의 자리는 다다익선(多多益善)과 과유불급(過猶不及)의 사이 그 어디쯤이 아닐까요?

참고3   위험을 줄이는 보험 상품

■ **위험의 종류와 대비수단**

구분		위험대비	
		사회보험(국가)	민영보험(개인/기업)
인적위험	조기사망	-	생명보험
	장수위험	국민연금보험	
	실업	고용보험	-
	상해, 질병, 장애	국민건강보험 (노인장기요양보험)	제3보험
		산업재해보상보험	
물적위험	재산피해	-	손해보험
	배상책임		

■ **사회보험**

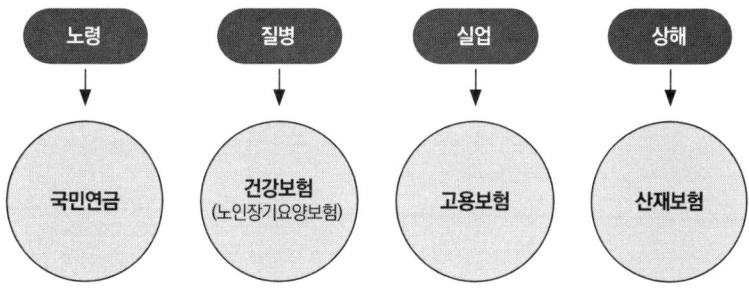

구분	위험보장
국민연금보험	소득이 있을 때 일정액의 보험료를 납부하여 노령·장애·사망 등으로 소득이 줄거나 없어졌을 때 노령연금, 장애연금, 유족연금 등을 지급하여 최소한의 소득을 보장
국민건강보험	질병이나 부상 발생 시 보험급여를 제공하여 고액의 진료비에 따른 과도한 가계 부담을 방지하고 필요한 의료서비스를 받을 수 있도록 함
노인장기요양보험	노화 및 노인성 질환 등으로 인해 혼자 힘으로 일상생활을 영위하기 어려운 경우 요양시설이나 재가 장기요양기관을 통해 신체활동 또는 가사 지원 등의 서비스를 제공
고용보험	근로자가 실직하는 경우 실업급여를 지급하여 생활안정과 구직 활동을 촉진하고 실업의 예방, 고용의 촉진 및 근로자의 직업능력개발과 향상을 도모
산업재해보상보험	산업재해 근로자에게 치료와 생계, 사회복귀를 지원하여 근로자 자신과 가족의 생활 안정을 도모하고 사업주에게는 일시에 소요되는 과중한 보상비용을 분산시켜 정상적인 기업 활동을 보장

■ 민영보험

구분			보장내용	비고
생명보험	보장성보험	종신보험	사망시 사망보험금을 일생 동안 보장	
		CI보험	사고나 질병으로 인해 중병 상태가 계속될 때 보험금의 일부를 미리 받을 수 있는 보험	
		정기보험	사망시 사망보험금을 일정기간 동안만 보장	
	저축성보험	저축보험	3년, 5년, 10년 등 비교적 단기간의 저축을 목적으로 하는 보험	
		연금보험	일정시점 이후에 일정금액을 종신 또는 일정한 기간 동안 지급	
		연금저축보험	보험료 납입기간 동안 세액공제 혜택을 제공하는 연금보험	
	변액보험		보험계약자가 납입한 보험료 중 일부를 주식이나 채권 등에 투자하여 그 운용 실적에 따라 보험금이 달라지는 보험	변액종신보험 변액연금보험 등

구분			보장내용	비고
손해보험	화재보험	일반화재보험	우연한 화재사고로 인해 발생할 수 있는 재산상의 손해를 보상	일반물건, 공장물건
		주택화재보험	주택의 화재위험 및 재산손해, 비용, 배상책임 등 다양한 위험에 대해 보장	주택건물, 수용가재
		특수건물화재보험	일정규모 이상의 다중이용시설의 화재로 인한 인명, 재산 손실을 보상	
		다중이용업소 화재배상책임보험	음식점, 문화·스포츠 시설 등 다중이용업소의 화재로 인한 신체, 재산 손실을 보상	23개 다중이용업소
		재난배상책임보험	화재, 폭발, 붕괴로 인한 신체, 재산 손실을 보상	숙박시설 장례식장 등 19종
		풍수해보험	태풍, 홍수, 지진 등으로 인한 피해를 보상	
	해상보험		영국해상보험법에 따라 해상에서 발생한 손해를 보상	적하보험, 선박보험 등
	특종보험	배상책임보험	타인의 인명, 재산 등에 발생한 손해에 대해 보상	일반배상책임보험, 전문직업인배상책임보험
		도난보험	불법침입자나 강도가 훔쳐가거나 파손, 훼손시킨 손해를 보상	
		레저보험	각종 레저활동 중 발생한 손해에 대해 보상	골프보험 낚시보험 스키보험 등
		여행보험	여행 중 발생한 각종 사고로 인해 발생한 손해를 보상	국내여행자보험, 해외여행자보험
	장기손해보험		보험기간이 3년 이상인 손해보험	장기화재보험, 장기종합보험
	자동차보험	자동차보험	자동차를 소유, 운행, 관리하는 동안 발생하는 각종 사고로 인하여 생긴 피해를 보상	의무보험
		운전자보험	자동차보험에서 보장해 주는 내용 외에 추가로 발생할 수 있는 각종 책임에 대한 배상을 처리해 주는 보험	의무보험 아님
제3보험	질병보험	건강보험	질병, 상해 등으로 인한 의료 비용이나 수입 감소를 보상	종합건강보험, 2대·3대 질병보험 등
		암보험	암으로 인한 진단, 입원, 수술, 치료, 요양, 사망 등을 보장	
		어린이보험	어린이의 생활, 질병, 상해, 사망에 따른 각종 손실을 보상	
		태아보험	어린이보험에 태아특약을 더한 보험으로 태아와 산모를 보장	
		치아보험	치아의 보존이나 보철 치료비를 보상	
		실손보험	국민건강보험에서 보장하지 않는 급여 및 비급여 의료비를 보장	노후실손보험, 유병자실손보험
	상해보험		우연한 사고로 인해 발생한 상해 치료비 등을 보상	
	간병보험		상해, 질병 등으로 인해 일상생활 장해상태 또는 치매상태로 진단이 확정될 경우 간병비용을 연금이나 일시금의 형태로 지급	

참고4   저축과 보험

미래를 준비하는 대표적인 수단이 저축입니다. 저축은 무엇인가를 절약하여 모아 두거나, 경제 소득 중에서 소비로 지출되지 않는 부분을 뜻합니다. 정부에서는 1973년에 국민들의 저축을 장려하기 위해 10월 마지막 화요일을 '저축의 날'로 지정했습니다. 2000년대 들어 저성장, 저금리 상황이 이어지자 투자와 소비를 장려하여 내수를 활성화하기 위해 2016년부터 '금융의 날'로 이름을 변경하였습니다. 날짜는 같은데 이름만 바꾼 것입니다.

우리나라가 경제성장을 이루는 데 밑거름이 된 것이 저축입니다. 어렵고 가난하던 시절 저축은 꿈을 이루기 위한 유일한 수단이었습니다. 저축은 대표적인 '후취자산'입니다. 은행에 일정 기간 동안 꾸준하게 돈을 넣으면 원금에 이자가 붙어 목돈이 만들어집니다. 이는, 한 걸음씩 뚜벅뚜벅 걸어 산을 오르면 정상에 도달하는 것과 같습니다. 상당한 시간이 걸리지만, 원금이 손해날 일이 없고 이자까지 붙여서 돌려주기 때문에 현재까지도 돈을 모으는 가장 안정적인 수단이 되고 있습니다.

위험에 대비하는 대표적인 방법이 보험입니다. 보험은 손해를 물어 준다거나 일이 확실하게 이루어진다는 보증을 말합니다. 보험은 각종 재해나 사고가 발생할 경우의 경제적 손해에 대비하여, 공통된 사고의 위협을 피하고자 하는 사람들이 미리 일정한 돈을 함께 적립하여 두었다가 사고를 당한 사람에게 일정 금액을 주어 손해를 보상하는 제도입니다.

보험은 '선취자산'입니다. 보험은 가입과 동시에 목표액을 보장해 줍니다. 등산을 하다가 중간에 몸이 아프거나 다치거나 사망을 해도, 당초 목표로 했던 목적지까지 안전하게 데려다줍니다. 그에 따른 반대급부로, 위험보장을 위한 일정한 비용, 다시 말해 계약체결비용, 계약관리비용, 위험보험료 같은 사업비를 요구합니다.

그럼 저축과 보험은 어떻게 다를까요? 그림으로 그려 보면 명확해집니다. 그림에서 저축이 가는 길은 ①번 길 하나, One-Way입니다. 산의 정상과 같은 A를 목표로 열심히 산을 오르다 보면 A 지점에 도달하게 됩니다. 보험이 가는 길은 ②번 길과 ③번 길 두 개, Two-Way입니다. ②번 길은 저축처럼 내가 낸 돈이 쌓여 가는 길입니다. 위쪽 ③번 길은 나를 포함한 많은 계약자들의 도움으로 만들어진 길입니다. '보장'이라는 이름이 붙은 길인데, 등산 도중에 위험한 상황을 겪어도, 그만큼의 돈은 준다는 약속의 길입니다. 험준한 산길에 쳐진 안전망과 같은 셈이죠. 시간이 지나 ②번 길의 돈이 ③번 길보다 높이 쌓이면, 두 길은 하나(④)가 되어 같이 갑니다. 행복한 동행이 시작되는 것이죠.

※ 저축과 보험이 가는 길

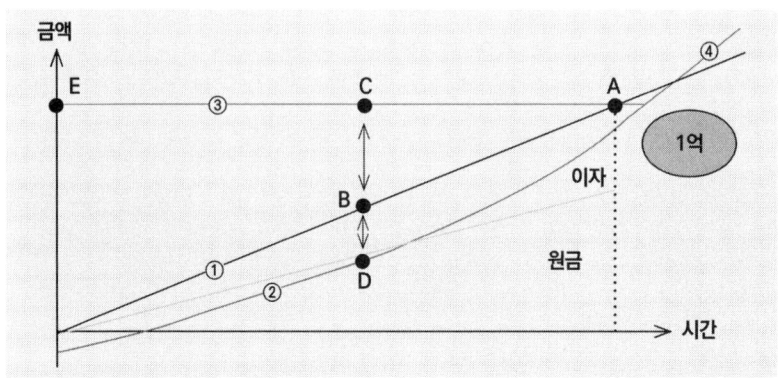

　1억을 목표로 돈을 쌓아 가는 도중에 좋지 못한 일이 생기면, 저축은 내가 낸 돈에 이자를 붙여 B만큼의 돈을 주지만, 보험은 C만큼의 돈을 줍니다. ③번 길 덕분이죠. 그 효과가 가장 큰 것은 E 지점, 단 한 번만 돈을 냈을 때입니다. 만약의 경우 1억의 돈이 필요한데, 돈을 딱 한 번 내고 좋지 못한 일이 생기면, 저축은 한 달치 납입금에 약간의 이자를 붙여 주지만, 보험은 약속한 1억 전부를 줍니다. 그래서 '저축은 세모, 보험은 네모'라고 합니다.

※ 저축은 세모 보험은 네모

하지만 경제적 상황이 어려워져 해지를 하게 되면, 저축은 B만큼의 돈을 돌려주지만, 보험은 D만큼의 돈을 돌려줍니다. 이때, 저축은 손해가 없지만, 보험은 손해가 많이 생깁니다. 그동안 위험보장에 소요된 비용을 빼고 주기 때문입니다. 따라서 보험 가입은 필요한 보장뿐 아니라, 납입기간과 납입여력을 생각해서 신중하게 해야 합니다.

미래를 위해서는 반드시 저축을 해야 합니다. 그런데 인생은 알 수 없고 위험이 따르기 때문에 보험이 필요합니다. 저축과 보험은 선택의 문제가 아닙니다. 각자의 역할이 다르기 때문이죠. 학자금, 결혼자금, 자동차구입자금 같은 확실한 재무 목표에 대한 대비는 저축으로, 질병 상해와 같은 불확실한 위험 대비와 저축을 동시에 하려면 보험으로 준비하십시오.

참고5 세금을 줄이는 절세상품

구분	상품	판매사	가입대상	가입한도	세제혜택	근거법령
비과세	ISA	은행 증권사 보험사	만 19세 이상 또는 근로소득이 있는 만 15~19세 미만(직전 3개 과세기간 중 1회 이상 금융소득종합과세자 제외)	연간 2천만 원 (5년간 최대 1억)	계좌에서 발생한 금융소득 200만 원까지 비과세(초과분은 9% 분리과세)	조세특례제한법 제91조의 18
	비과세 해외주식 투자전용펀드	은행 증권사 보험사	제한 없음	총 3천만 원	해외상장주식에 간접적으로 60% 이상 투자하는 펀드에 가입하는 경우 매매평가차익, 환차익에 대해 과세 제외	조세특례제한법 제91조의 17
	저축성보험 (종신형 연금보험)	보험사	제한 없음	제한 없음	보험차익 비과세 * 보험차익 = 만기보험금(또는 중도해지환급금) – 납입보험료 보험차익 비과세	소득세법 제16조, 소득세법 시행령 제25조
	저축성보험 (월적립식)	보험사	제한 없음	월 150만 원		
	저축성보험 (기타)	보험사	제한 없음	- 2017.3.31.까지 체결한 계약은 총 2억 원 - 2017.4.1.부터 체결한 계약은 총 1억 원		
	비과세종합저축	全 금융사	65세 이상자, 장애인, 독립유공자, 국가유공상이자, 5.18민주화운동부상자 등 (직전 3개 과세기간 중 1회 이상 금융소득종합과세자 제외)	총 5천만 원	계좌에서 발생한 이자소득, 배당소득 비과세	조세특례제한법 제88조의 2
	조합출자금	농협, 수협, 산림조합, 신협	조합원	총 1천만 원	배당소득세 비과세	조세특례제한법 제88조의 5
	농어가 목돈마련저축	농협, 수협, 산림조합	농업인, 어업인, 양축인, 임업인	연간 240만 원	이자소득 비과세 및 계약기간 만료 시 소정의 저축장려금 지급	조세특례제한법 제87조의 2
	장병 내일준비적금	은행, 우정사업본부	현역병, 상근예비역, 의무경찰, 해양의무경찰, 의무소방원, 사회복무요원 (직전 3개 과세기간 중 1회 이상 금융소득종합과세자 제외)	은행별 월 20만 원 이하 (개인별 최대 월 40만 원)	계좌에서 발생한 이자소득세 비과세	조세특례제한법 제91조의 19

구분	상품	핀메시	가입대상	가입한도	세제혜택	근거법렵
세금우대	조합예탁금	농협, 수협, 산림조합, 신협	조합원	총 3천만 원	이자소득세 비과세 (단, 농특세 1.4% 과세)	조세특례제한법 제89조의 3
세액공제	연금저축	은행 증권사 보험사	제한 없음	납입한도 - 연 1,800만 원 (+ ISA 계좌 만기 전환 금액) 세액공제 한도 - 50세 미만 최대 400만 원 (퇴직연금합산최대700만원) - 50세 이상 최대 600만 원 (퇴직연금합산최대900만원)	- 납입금액(퇴직연금 합산, 최대 700만 원 한도)의 13.2%를 연말정산 시 세액공제 - 단, 종합소득금액이 4,000만 원 이하인 자(근로소득만 있는 경우 총급여액이 5,500만 원 이하인 자)는 16.5% 세액공제	소득세법 제59조의 3
	퇴직연금	은행 증권사 보험사 근로복지공단	- 퇴직연금(DB/DC형)에 가입한 직장근로자로서 추가적인 퇴직연금을 준비하려는 자 - 직장이동 등으로 퇴직금을 수령하여 IRP 계좌로 운영하려는 자 - 자영업자, 직역연금 가입자 등	연간 1,800만 원 (연금저축 및 다른 퇴직연금과 합산) * ISA에서 연금으로 전환한 금액은 별도	- 개인형 IRP 또는 확정기여형(DC형) 계좌에 본인이 부담하여 납입한 금액(연금저축과 합산, 최대 700만 원 한도)의 13.2%를 연말정산 시 세액공제 - 단, 종합소득금액이 4,000만 원 이하인 자(근로소득만 있는 경우 총급여액이 5,500만 원 이하인 자)는 16.5% 세액공제	
	주택청약 종합저축	은행 (우리, 기업, 농협, 신한, 하나, 국민, 부산, 대구, 경남)	총급여액 7천만 원 이하 근로자인 무주택 세대주	제한 없음 (단, 총 1,500만 원 납입 후에는 월 50만 원으로 제한)	연말정산 시 해당 과세연도 납부금액의 40% 소득공제 (납부금액 한도가 240만 원이므로 소득공제금액을 최대 96만 원)	조세특례제한법 제87조 주택공급에 관한 규칙

06
행복한 부자로 가는 불리기(×) 습관

32
움직이지 않으면 퇴보

앞서 이야기했듯이 올해 정부의 경제성장률 목표는 3.1%입니다. 나라 경제가 3%를 성장하든, 5%를 성장하든 그것이 나하고 무슨 관계가 있을까요? 나라 경제가 3.1% 성장한다는 것은, 약 2,000조에 달하는 우리나라 GDP 규모가 3.1%만큼 더 커져, 올해 말에는 2,062조가 된다는 말입니다. 그럼 내 재산을 1억이라고 할 때, 내 재산도 3.1% 이상 성장하여 올해 말, 1억 310만 원 이상은 되어야 국가 경제의 흐름에 뒤처지지 않을 수 있다는 이야기가 됩니다. 그보다 못하면, 내 재산은 줄어든 것이나 다름이 없고, 나만 퇴보한 셈이 됩니다.

※ 2022년 우리나라 GDP 전망

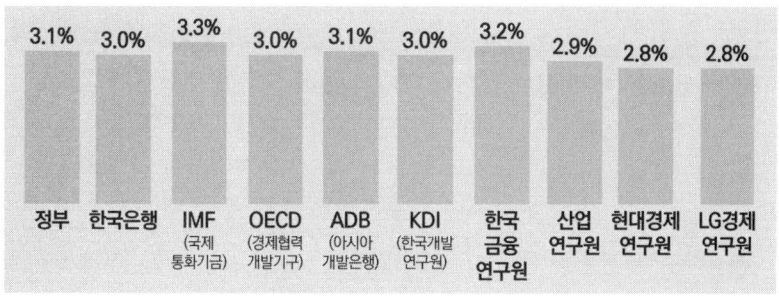

■ 붉은 여왕 가설과 부동증후군

《거울 나라의 앨리스》에 등장하는 '붉은 여왕'을 토대로 나온 '붉은 여왕 가설(Red Queen's Hypothesis)'이 있습니다. 자연계에서 어떤 생물이 아무리 빠르게 진화하려고 노력을 해도, 다른 생물도 그 이상으로 빠른 진화를 시도하기 때문에, 진화경쟁에서 어느 한쪽이 일방적인 승리를 거두지 못한다는 것을 말합니다. 쉽게 말해, 누구나 열심히 하기 때문에 끊임없는 혁신을 하지 않으면 금방 뒤로 밀려난다는 것입니다. 진화론이나 적자생존 경쟁론을 설명할 때 많이 사용되지만 어떤 분야에도 적용이 가능합니다.

사람이 방 안에만 틀어박혀 몸을 움직이지 않으면 근골격계, 심혈관계, 위장관계 기능이 떨어지는데, 이를 '부동증후군'이라고 합니다. '움직이지 않는 것도 병'이라는 말입니다. 몸을 움직이지 않는 사람은 우울증에 걸릴 위험이 두 배나 높다는 연구 결과도 있습니다. 부동증후군을 예방하려면 몸에 무리가 가지 않는 한도 내에서 활동량을 늘려야 합니다. 가만히 있으면 아무 일도 일어나지 않는 것이 아니라 퇴보하게 됩니다.

■ 돈도 가만히 놔두면 가치가 하락

돈의 가치도 마찬가지입니다. 물가상승률이 3%일 때, 오늘부터 1억을 가지고 가만히 있으면, 10년 뒤에는 7,400만 원, 20년 뒤에는 5,500만 원, 30년 뒤에는 4,100만 원으로, 50년 뒤에는 2,300만 원으로 가치가 떨어집니다. 1억의 가치를 계속 유지하려면, 10년 뒤에는 1억 3,400만 원, 20년 뒤에는 1억 8,100만 원, 30년 뒤에는 2억 4,300만 원, 50년 뒤에는 4억 3,800만 원이 있어야 합니다. 돈의 가치가 떨어지기는 쉬워도, 지키기는 어렵습니다.

※ 물가 상승에 따른 돈의 가치 하락

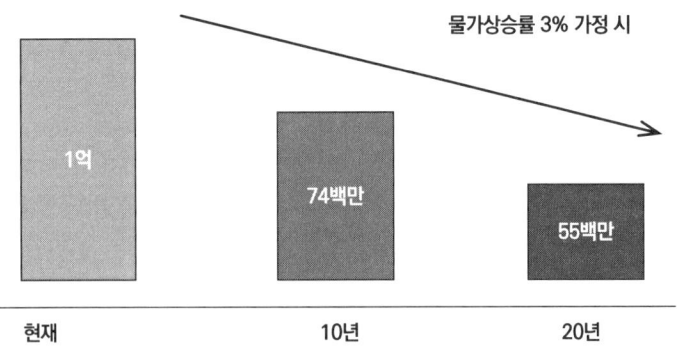

1억을 은행에 예치해 물가상승률만큼인 3%의 이자를 받으면, 1억의 가치를 지킬 수 있습니다. 이자율 3% - 물가상승률 3% = 0으로 돈의 가치에 변함이 없게 됩니다. 1억보다 더 많이 돈을 늘리고 싶으면, 최소한 물가상승률 3%보다는 더 높은 이자를 주는 곳에 투자를 해야 합니다. 그런데 저금리 추세가 장기화되면서 높은 금리를 주는 상품을 찾아보기가 어렵게 되었습니다. 과거보다 돈을 불리기가 어려워진 것이죠.

■ 금리와 물가에 따른 실제 이자 수입 추이

우리나라 시장금리를 대표하는 '국고채 금리'와 '소비자물가상승률'을 살펴볼까요? 국고채는 정부에서 도로나 학교를 세우는 등 많은 돈이 필요할 때, 국민들에게 돈을 빌리고 발행하는 차용증입니다. 국고채 3년물 금리는 3년짜리 채권에 적용되는 이자율인데, 국가가 보증하는 채권이기 때문에 이자율은 낮지만 금리 변동이 적어, 장기금리를 대표하는 지표로 사용되고 있습니다. 소비자물가상승률은 당해 연도 연간소비자물가지수를 직전 연도 연간소비자물가지수로 나눈 뒤, 1을 빼고 100을 곱해 산출하는데, 올해 물가가 작년에 비해 얼마나 올랐는지를 보여 주는 지표입니다.

※ 금리와 물가 추이

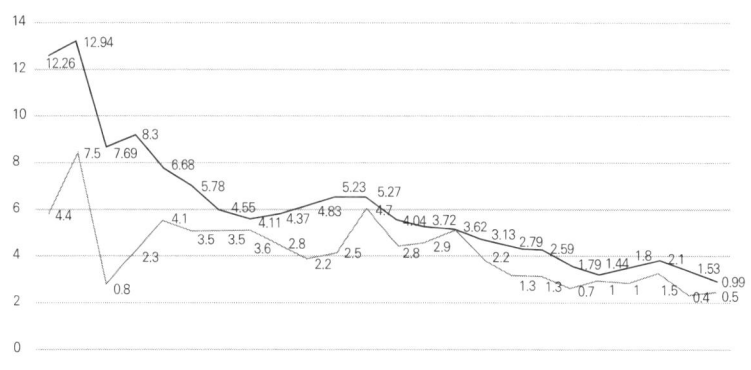

　1997년 국고채 3년물의 금리는 12.26%였고, 소비자물가상승률은 4.4%였습니다. 물가상승률을 제외하고도 8%에 가까운 수익을 올릴 수 있었습니다. 그러나 1998년 IMF 시절에 12.94%까지 치솟았던 금리는 2020년 0.99%까지 떨어졌고, 물가상승률도 지속적으로 하락하여 2020년에는 0.5%에 그쳤습니다. 금리와 물가상승률의 차이(0.99% - 0.5%)가 0.49%밖에 되지 않는 것이죠. 이는 1억을 맡겨 연간 49만 원의 이자, 여기다 이자소득세를 빼면 약 41만 원의 이자밖에 받을 수 없다는 말과 같습니다.

　여전히 금리가 물가상승률보다 약간 높은 것 같지만, 국민들이 실제로 느끼는 체감 물가상승률은 훨씬 높습니다. 국민연금은 물가상승률이 반영되어 매년 받는 금액이 많아집니다. 작년에 매달 47만 원의 국민연금을 받았던 어떤 영감님은, 올해 연금이 겨우 2,350원 올랐다고 분통을 터프립니다. 물가상승률에 연동하여 연금도 0.5% 오른 것이죠. 오징어 한 마리만 해도 5,000원, 물가가 못해도 50%는 오른 것 같은데, 연금은 2,350원밖에 오르지 않았으니 화가 날 만합니다. 요즘 떡볶이나 순대 1인분도 3,000원입니다.

■ 투자는 필수

불과 20년 전까지만 해도 물가상승률을 생각할 필요가 없을 만큼 금리가 높아, 정기예금에만 가입해도 자연스럽게 돈이 늘어났습니다. 굳이 원금 손실 위험을 감수하면서까지 투자에 나설 필요가 없었습니다. 소득을 높이기 위해 일만 열심히 하면 됐습니다. 돈은 은행에서 알아서 불려주는 시대, 즉 '소득효과'가 발휘되는 시대였던 것이죠. 지금도 종잣돈을 모으기 위해서는 저축이 필수입니다. 더하고(+) 빼는(-) 지혜를 통해 저축 금액을 늘려 나가야 합니다. 저축 없이 돈을 모으는 것은 불가능하니까요.

그런데 저금리가 지속되다 보니 저축만으로 종잣돈을 모으기 힘들어졌고, 일단 종잣돈을 모았다 하더라도 가만히 놔두면 돈을 까먹는 시대가 되었습니다. 채 1%도 안 되는 초저금리에 통계보다 훨씬 높은 물가상승률을 감안하면, 사실상 마이너스 금리 시대라 해도 과언이 아닙니다. 예·적금만으로는 돈을 모으고 불리기가 불가능해진 것이죠. 좀 더 현명하게 종잣돈을 모으고 불려, 돈이 돈을 버는, 다시 말해 '자산효과'가 발휘될 수 있는 시스템을 만들어야 할 필요성이 커졌습니다. 이제 투자는 선택이 아니라 필수입니다. 돈을 모으는 더하고(+) 빼는(-) 지혜에, 돈을 불리는(x) 지혜 한 가지를 더해야 하겠습니다.

33
나만의
투자 원칙을 세우자

행복한 부자로 가는 불리기(×) 습관 첫 번째는 '투자의 원칙을 세우자'입니다. 산책길에 강아지는 주인을 인도하듯이 앞서 달리지만 제가 관심이 있는 곳으로 이리저리 움직이며, 때로는 길을 벗어나기도 합니다. 그때 주인은 목줄을 당기고 풀어 강아지의 행동을 조절합니다. 돈을 향한 열망만으로 돈을 모을 수 없고 투자에는 위험이 따릅니다. 따라서 강아지 목줄처럼 제어해 줄 투자원칙이 필요합니다.

■ 저축과 투자는 다르다

돈을 모으는 저축과 돈을 불리는 투자는 다릅니다. 저축이나 예금은 내가 은행에 돈을 빌려주고 이자를 받는 개념이라면, 투자는 내가 돈을 주고 주식이나 부동산과 같은 물건을 사서 그 물건의 주인이 되는 것입니다. 저축을 하면 가입 시점에 이자율에 따라 받을 수 있는 수익이 결정되지만, 투자는 물건을 샀기 때문에 파는 시점에 손익이 결정됩니다.

저축을 하면 내가 돈을 빌려준 금융기관이 망하지 않는 한 원금이 손실이 날 일은 없지만, 투자를 하면 파는 시점의 가격에 따라 손해를 입을 수도 있습니다. 투자를 할 때는 물건을 살 때의 가격보다 팔 때의 가격이 떨어져 손해가 날 수도 있는 위험을 감수해야 하는 것이죠. 저축에 비해 위험이 더 큰데 왜 투자를 해야 할까요?

월 복리 3%의 이자를 주는 정기예금에 종잣돈 1억을 맡기면, 1년 후에 세금 떼고 약 257만 원 정도의 이자를 받을 수 있습니다. 그 1억을 가지고 10만 원짜리 삼성전자 주식을 1천 주를 사서, 1년 후 삼성전자 주가가 15만 원으로 올랐을 때 팔면, 이익이 5천만 원이나 됩니다. 하지만, 1년 후 삼성전자 주가가 5만 원으로 떨어진 경우에는 5천만 원의 손실이 생길 수도 있습니다. 예금은 안전하지만 수익이 적습니다. 투자를 하면 손해가 날 위험도 크지만, 예금과는 비교할 수 없는 큰 이익을 얻을 수 있습니다. 그래서 고위험(High Risk)을 무릅쓰고, 고수익(High Return)을 추구하는 것입니다.

■ 자신을 객관적으로 평가하자

그런데 종잣돈을 모아야 하거나 불려야 하는 젊은이들의 경우, 빨리 돈을 모으고, 불리고 싶은 욕심에 섣불리 투자에 나섰다가 실패를 보기도 합니다. 저축은 금리와의 싸움이라면, 투자는 자신과의 싸움입니다. 자신을 모르고 남을 이길 수는 없습니다. 투자에 앞서 자신의 '투자능력'

을 점검해야 합니다. 자신의 보유자산과 여유자금의 규모, 재무 목표 등을 고려하여 투자 계획부터 세워야 합니다.

가장 먼저 해야 할 것은 '투자 목적'을 명확히 하는 것입니다. 단순히 매매차익을 얻기 위해서인지, 저축으로 마련한 종잣돈을 더 키우기 위해서인지, 결혼자금, 주택마련자금, 노후자금 같은 목돈을 만들기 위해서인지 등 목적이 뚜렷해야 합니다. 어떤 자금을 언제까지 마련할 것인지 목적이 정해지면, 달성해야 할 수익률은 얼마이고, 어떤 종류의 상품에 투자해야 하고, 언제까지 투자할 것인지 등 구체적인 계획 수립이 가능해집니다.

두 번째는 투자할 수 있는 '자금능력'을 살펴보아야 합니다. 투자할 수 있는 여유자금의 규모가 얼마나 되는지, 여유자금이 이미 모아 둔 목돈인지, 아니면 월 소득에서 지출을 뺀 금액인지, 언제까지 투자할 수 있는지 알아보아야 합니다. 생활비처럼 당장 쓸 돈을 투자해서는 안 됩니다. 당장 없어도 되는 여유자금으로 투자를 시작해야, 혹시 단기적인 손실이 나더라도 여유를 가지고 기다릴 수 있습니다.

세 번째는 위험을 견딜 수 있는 '위험성향'을 체크해야 합니다. 요즘 같은 금리 1% 시대에, 매월 여유자금으로 100만 원을 투자하여 7년 만에 주택자금 1억 원을 모으고자 할 때를 생각해 봅시다. 원금의 안정성을 중요하게 생각하는 사람은 시간이 걸리더라도 저축을 선택하는 편이 낫습니다. 반면 공격적인 투자성향을 가진 사람은 원금 손실의 위험을 부담하더라도 6% 이상의 수익률을 낼 수 있는 주식을 찾아 투자해도 좋습니다.

네 번째는 시간을 견딜 수 있는 '시간능력'을 고려해야 합니다. 결혼을 불과 6개월 앞둔 청년이 결혼자금을 빼서 투자를 하면 안 되는 것이죠. 실제로 결혼자금을 빼서 주식투자에 나섰다가 큰 손실이 생겨 결혼이 늦어진 커플도 있습니다. 투자 가능 기간이 짧다면 투자형 상품은 피하는 것이 좋습니다. 혹시라도 서브프라임모기지 사태 같은 재정 위기가 생겨 주가가 폭락하면 회복되는 데 오랜 시간이 걸리기 때문입니다.

이 외에 자신의 '투자 경험'이나 '투자 지식'도 고려해야 합니다. 요즘은 상품이 복잡하여 일반인들이 상품을 이해하고 가입하는 데 어려움이 많아졌습니다. 금융공학 이론을 적용한 파생상품들도 많고, 적절한 매입이나 매도 시점을 판단하기는 무척 어렵습니다. 투자 경험이나 지식이 부족할 때는 '투자 전문가들을 활용'하는 편이 낫습니다.

■ 자신만의 투자 원칙을 정하자

주식에 투자하는 경우에는 '투자금액', '투자기간', '목표수익률', '손절매 시점' 등에 대해서 기준을 정해 두는 것이 좋습니다. 직장인이라면, '최초 투자금액은 본인 월 소득의 3개월분 이내', '투자기간은 첫 투자로부터 1년 이내', '목표수익률은 10% 이내', '손실이 15%에 달하면 무조건 손절매', '최근에 유행하는 '빚투'나 레버리지 투자는 철저히 지양', '단기적인 투자 성과를 바라지 않고, 성장주 및 가치주 중심의 장기투자 실천' 등 자신만의 투자 원칙을 세운 후에 투자에 나서야, 성공을 해도 자기과신(overconfidence trap)의 함정에 빠지지 않고, 실패를 해도 멘털을 유지할 수 있습니다.

 돈을 불리기 위해 투자는 필수이지만, 많은 사람들이 직관에 의존하여 수익률 높은 한두 개 종목을 싸게 사서 비싸게 파는 것만 생각하고, 빨리 목표수익률에 도달하지 못하면 조급해합니다. 투자 원칙이 없다 보니, 시장이 요동치면 불안해서, 더 오를 수 있는 상품은 투매하여 조기에 수익을 확정 짓고, 더 내려갈 상품은 계속 들고 앉아 손실을 키웁니다. 원칙이 없으니 순간적인 감정에 휘둘리게 되는 것이죠. 전투에 앞서 전략을 세워야 하듯이, 투자에 앞서 나만의 원칙을 세우는 것이 먼저 아닐까요?

34
금융자산에 투자하자

행복한 부자로 가는 불리기(×) 습관 두 번째는 '금융자산에 투자하자'입니다. 투자 원칙을 세웠으면, 어떤 자산에 투자할지를 결정해야 합니다. 주식, 부동산, 채권, 예금, 펀드, 금, 원유, 비트코인, 변액보험, 아파트, 오피스텔, 상가 등 투자대상 상품은 너무 많습니다. 가히 '투자상품의 홍수 시대'라고 할까요? 종잣돈을 모으고 불리는 입장이라면 수익률이 높은 상품을 선택해야 하는데, 수익률이 높으면 위험도 높아 걱정이 됩니다.

■ 투자자산의 종류

투자상품은 크게 '실물자산'과 '금융자산' 두 가지로 나눌 수 있습니다. 우리 눈에 보이는 형태의 자산이 실물자산인데, 실물자산은 주택이나 상가, 토지 같은 '부동산'과 금, 은, 다이아몬드 같은 보석, 원유, 원자재 같은 '동산'으로 나뉩니다. 금융자산은 우리 눈에 보이지 않는 자산으로 예금, 적금, 주식, 채권, 펀드 같은 것들을 말합니다. 금융자산은 실물자산에 비해 현금화(유동성)하기 쉽지만, 디폴트 위험이 큽니다. 어디에 투자를 해야 할까요?

※ 실물자산과 금융자산

실물자산	금융자산
부동산, 동산 금, 은, 원자재, 원유 예술작품, 기계설비	금융자산 예금, 적금 주식, 채권, 펀드 파생금융상품

VS

최근까지 부동산 광풍이 몰아쳐 너도나도 빚을 내어 가면서까지 투자에 나서고 있지만, 너무 고수익만 생각하고 부동산에 올인해서는 낭패를 겪을 수 있습니다. 부동산 매입과 보유 및 매각에 따른 금융비용이나 세금, 부대비용도 적지 않고 정부의 정책이나 인구의 변화, 시장의 흐름도 잘 살펴보아야 합니다. 부동산은 정말 수익률이 높을까요?

■ 투자자산별 수익률

1998년 IMF 위기 이후 2010년까지 12년 동안 각 투자자산별 수익률 자료를 보면, 주식의 수익률이 월등히 높은 것을 알 수 있습니다. 12년 동안 코스피지수, 채권지수, 정기예금 금리, 전국 주택매매가격 지수의 변화에 따른 수익률을 보면, 주식의 연평균 수익률이 가장 높았고, 이어서 채권, 예금, 부동산 순으로 높았습니다.

※ 재테크 부문별 12년간 누적 수익률

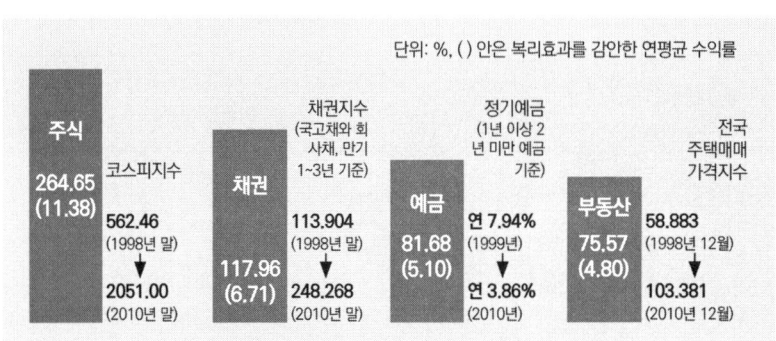

자료: 대신증권, 금융투자협회, 한국은행, 국민은행

    1998년 말 562.46포인트였던 코스피지수는 2010년 말 2051.00포인트가 되었습니다. 복리효과를 감안한 수익률이 연평균 11.38%나 됩니다. 시가의 1~2%인 배당 수익률까지 더하면 주식의 실제 투자 수익률은 더 높아집니다. 개별 종목을 보더라도, 삼성전자의 수익률(1,180%)이 강남을 대표하는 대치동 은마아파트(101㎡ 기준)의 수익률(527%)을 압도했습니다.

※ 국내 투자자산별 누적 수익률(자료: 한국거래소)

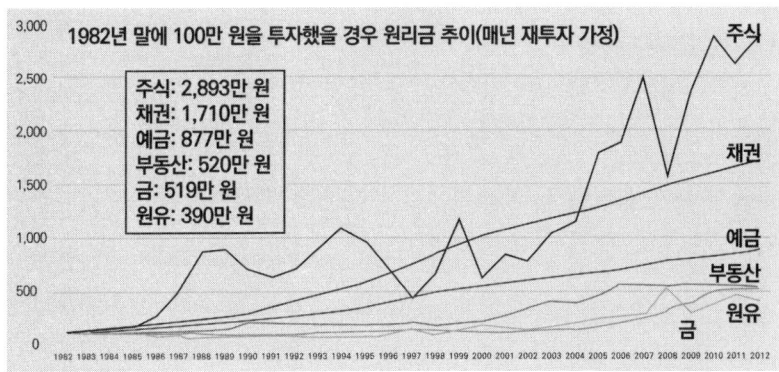

　한국거래소의 1982년부터 2012년까지 투자자산별 수익률 자료에 따르면, 31년 동안 부동산의 누적 수익률은 약 520%였습니다. 이는 1982년 말에 부동산에 100만 원을 투자했더니 2012년 말 520만 원이 되었다는 말과 같습니다. 31년 만에 5배가 넘게 뛰었으니 대단해 보입니다. 같은 기간 동안 다른 투자자산들의 가치는 얼마나 변했을까요? 놀랍게도 주식은 누적 수익률이 2,893%, 채권은 1,710%, 예금은 877%, 금은 519%, 원유는 390%였습니다. 주식이 단연 1등이고, 채권이나 예금도 부동산보다 높은 수익률을 기록했다는 것을 알 수 있습니다.

■ 금융자산에 투자하자

시간이 많이 지났지만, 앞의 그래프를 보면 실물자산인 부동산보다는 금융자산에 투자하는 것이 좋을 것 같습니다. 금융자산에 투자하는 것은 부동산 투자에 비해 세금 측면에서 유리하고, 자산가치가 하락하더라도 부동산에 비해 빠른 시간 안에 손상된 가치를 복구할 수 있으며, 분산투자를 통한 위험관리도 쉽기 때문입니다. 다시 말해, 종잣돈처럼 투자금액이 적을 때는 펀드와 같은 간접상품을 활용할 수도 있고, 해외 상품을 포함하여 포트폴리오를 구성할 수도 있기 때문입니다.

※ 부동산 투자 VS 금융투자

구분		부동산 투자	금융투자
세금	매수 시	취득세	세금 無
	보유 시	양도소득세(경우에 따라 중과세)	세금 無
	매도 시	재산세, 종합부동산세	저율의 거래세
	소득발생 시	종합소득에 합산	이자·배당 소득세 (비과세/분리과세 혜택 有)
가치회복		단기에 회복이 어려움	가격하락 후 회복속도가 빠름
위험관리		분산투자나 투자비중 조정이 어려움	분산투자, 투자비중 조정 가능
유동성 및 환금성		매도에 시간이 오래 걸리고 절차가 번거로움	매도 용이
거래비용		거래수수료가 상대적으로 많음	거래수수료가 상대적으로 적음

금융자산 중 채권은 과거에는 안정적이고 높은 수익률을 냈습니다. 하지만, 저금리 시대가 장기화되고 현금을 보유하는 기업들이 많아지면서,

우량 회사의 회사채 발행도 줄어 기대수익률이 낮아지고 있습니다. 또, 예금 금리는 경제위기 때 높은데, 앞의 그래프에서 예금 수익률의 성적이 괜찮았던 것은 2008년 금융위기가 있었기 때문입니다. 그 이후 금리는 계속 낮아져 과거와 같은 수익률을 기대하기 어려워졌습니다. 이제 주식투자에 나설 때인가 봅니다.

■ 수익률보다 더 중요한 것은 위험관리

주식은 수익률이 부동산보다 높습니다. 하지만, 다른 자산에 비해 상대적으로 변동성이 매우 커, 위험관리를 잘해야 합니다. 수익률에만 현혹되어서는 안 된다는 말입니다. 쉬운 예로, 어떤 사람이 강가에서 식당을 열려고 하는데, 예상수익이 A점포는 1억 3천만 원, B점포는 1억 원, 장마나 한파로 장사를 못 하게 될 확률이 A점포는 35%, B점포는 10%라면, 어떤 점포를 선택해야 할까요?

손실을 따져 보면, A점포는 4,550만 원(1억 3,000만 원 × 35%), B점포는 1,000만 원(1억 원 × 10%)입니다. 만약에 실제로 장마나 한파가 찾아온다면 순수익은 A점포가 8,450만 원(1억 3,000만 원 - 4,550만 원), B점포는 9,000만 원(1억 원 - 1,000만 원)이 됩니다. 장마나 한파 같은 위험요소를 감안하면, B점포가 낫다는 것을 알게 됩니다. 겉으로 보이는 것이 전부가 아니라는 말이죠. 동전의 양면처럼, 높은 수익에는 높은 위험이 따르는 법이고, 주식투자는 실물자산에 투자할 때보다 위험이 더 높을 수 있습니다. 모든 투자의 핵심은 수익률이 아니라 위험관리입니다. 먼저 철저한 위험관리 대책을 수립한 후 투자에 나서야 되겠습니다.

35
자금을 분산하여 장기투자 하자

행복한 부자로 가는 불리기(×) 습관 세 번째는 '자금을 분산하여 장기투자 하자'입니다. 투자는 최소한 예·적금 이자보다는 높은 수익률을 목표로 하지만, 잘못하면 예·적금 이자율에도 못 미치는 수익을 거둘 수도 있고, 수익은커녕 원금마저 날릴 가능성도 있습니다. 따라서 투자상품을 선택할 때는 수익성과 위험을 동시에 고려해야 하는데, 기대수익률은 높이고, 손실의 위험을 줄이는 방법 중 대표적인 것이 '분산투자'와 '장기투자'입니다.

■ 분산투자

투자 격언 중 하나는 '계란을 한 바구니에 담지 말라'입니다. 여기서 계란은 돈, 바구니는 금융상품을 말합니다. 중국 펀드 열풍이 불었을 때, A는 중국펀드 하나에 올인했다가 -70%의 손실을 입은 반면, B는 자금을 나눠서 국내 주식형 펀드에 30%, 국내 채권형 펀드에 20%, 중국 주식형 펀드에 30%로 나눠서 투자한 결과 -20%의 손실만 입었습니다. 중국 펀드에서 큰 손실이 발생했지만, 다른 펀드에서 난 수익이 손실을 줄여 준 것이죠.

분산투자가 좋다는 이야기를 들은 C는 적금에서 5,000만 원을 찾아, 9개의 국내 주식형 펀드와 1개의 해외 주식형 펀드에 각각 500만 원씩 투자했습니다. 처음에는 수익률이 좋아서 분산투자를 하길 잘했다는 생각이 들었는데, 얼마 후 세계적인 금융위기설이 돌자 주가가 빠지기 시작했습니다. 마침내 금융위기가 현실화되자 주가는 대폭락을 했고, C가 가입한 모든 펀드는 마이너스 수익률을 기록하고 말았습니다.

우리나라 개인투자자들의 40%가 한 종목, 70%가 세 가지 종목 이하에 투자하고 있다고 합니다. C는 분산투자를 한 것 같지만, 가입한 10개의 펀드 모두가 주식형 펀드입니다. 사실상 국내 주식형 펀드에 1개, 해외 주식형 펀드에 1개, 총 2개의 주식형 펀드에 가입한 것이나 마찬가지였습니다. 수익률이 전부 주식에 달려 있어, 주가가 폭락하자 모든 펀드가 동시다발적으로 마이너스 수익률을 기록하고 만 것이죠.

분산투자는 단순하게 돈을 나누는 것이 아니라, 위험을 여러 개로 쪼개서 분산시키는 것입니다. '우산장사와 짚신장사' 이야기 아시죠? 우산이나 짚신 중 한 가지만 판매하면 날씨에 따라 매출액의 변화가 크지만, 양산과 짚신을 함께 판매하면 매출액의 변동 폭을 줄일 수 있습니다. 위험을 줄여 그만큼 안정적인 매출액을 가져올 수 있다는 말이죠.

분산투자의 방법에는 먼저, 바구니에 해당하는 자산군(주식, 채권, 예·적금, 부동산, 보험 등)별로 투자 비중을 조절하는 '자산 분산' 또는 '자산 배분' 방법이 있습니다. 두 번째로 한 번에 목돈을 넣어 대박을 꿈꾸는 것이 아니라, 매월 일정 금액을 불입하는 '시간 분산' 방법이 있습니다. 세 번째로 전 세계 주식시장에서 차지하는 비중이 1.7% 정도에 불과한 국내 주식시장 외에 해외에 투자하는 '지역 분산' 방법이 있고, 네 번째로 같은 바구니 안에서도 성장주, 가치주, 대형주, 소형주 등 여러 가지 스타일에 따라 투자하는 '스타일 분산' 방법이 있으며, 다섯 번째로, 달러, 유로화, 위안화, 엔화 등 여러 가지 통화에 분산하여 투자하는 '통화 분산' 방법도 있습니다.

분산투자는 돈을 위험이 다른 여러 가지 자산에 나누어 투자하는 것입니다. 여러 가지 자산의 묶음을 '포트폴리오'라고 하는데, 한 연구 결과에 따르면, '어떤 자산에 어떻게 투자자산을 배분할 것인가를 결정하는 순간 수익률의 94%가 결정된다'고 합니다. 어떤 종목을 고를까 고민하지 말고 자산 배분에 신경을 쓰면 수익은 그냥 따라온다는 것이죠. 적은 돈으로 분산투자하는 것이 쉽지 않지만, 앞으로 투자금이 늘어날 것을 생각한다면, 투자 초기부터 분산투자하는 습관을 키우는 것이 좋겠습니다.

■ 장기투자

　분산투자와 함께 투자손실의 위험을 줄이는 또 한 가지는 '장기투자'입니다. 주식의 경우 단기적으로는 급등락을 반복하지만, 장기적으로는 꾸준히 오르는 모습을 보입니다. 주식은 오를 때는 급격하게 올라 이자에 이자가 붙는 복리효과가 발휘되기도 합니다. 그런데, 복리효과를 제대로 누리기 위해선 투자기간이 길어야 합니다.

※ 미국 다우존스 주가지수 110년(출처: NYSE.com)

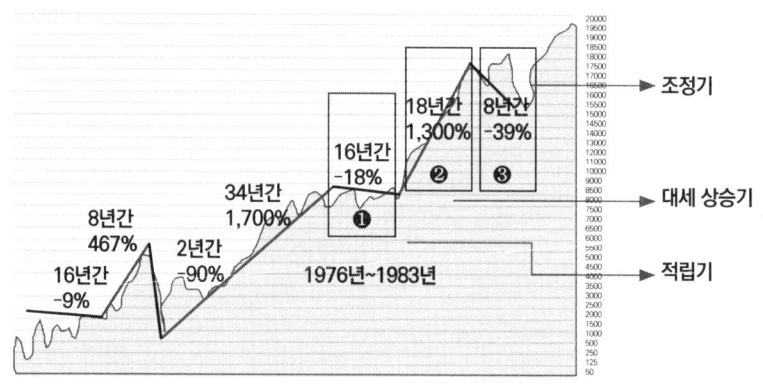

　1980년부터 2009년 10월까지 코스피에 매일 일정 금액을 투자한 후 1년, 5년, 15년 시점에 순차적으로 환매했다고 가정할 때 수익률을 따져본 블룸버그(Bloomberg) 자료가 있습니다. 15년 후 환매를 하는 경우 영업일을 기준으로 총 5,298번 투자를 하게 되는데, 투자손실이 난 날의 비율이 약 10.8%(588번)였습니다. 투자기간을 5년과 1년으로 줄였더니 투자손실 비율이 21%와 39%로 늘어났습니다. 투자기간이 짧아질수록 손실비율이 급격히 증가한다는 것이죠.

 워런 버핏은 "10년을 보유할 주식이 아니라면, 단 10분도 보유하지 말라"라고 했습니다. 장기투자를 하라는 말입니다. 미국 다우지수 추이를 보면 1976년에서 1983년까지 16년 동안에는 주가가 18%가 빠졌지만, 이후 18년간은 1,300%나 상승하기도 했습니다. 주식을 투자할 때 투자수익의 80~90%는 전체 투자기간 중 10% 이내의 기간에 만들어진다고 합니다. 하지만 그 10%의 기간이 언제일지는 아무도 모릅니다. 빠졌던 주가가 상승할 때 수익을 보려면 일단 시장에 계속 머물러 있어야 합니다.

※ 현명한 투자

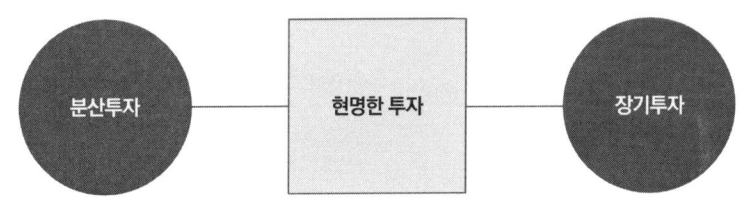

■ 분산투자와 장기투자는 한 몸

 주가가 단기간에는 등락을 거듭하며 횡보하더라도, 장기간 보유하면 주가가 급등하는 기쁨을 누릴 수 있습니다. 그런데 장기투자는 무조건 어떤 주식을 장기간 보유하라는 말은 아닙니다. 장기투자의 효과는 분산투자가 잘 되어 있는 포트폴리오에 한해 적용됩니다. 분산투자와 장기투자는 결국 한 몸인 셈입니다. 운이 좋으면 대박, 운이 나쁘면 쪽박 같은 복불복식 투자를 해서는 안 됩니다. 매매 시점을 잡기 위해서 애쓰지 말고, 자금을 적절하게 분산하여 투자한 후 느긋하게 기다리는 편이 낫지 않을까요?

36
원금을 지키자

 행복한 부자로 가는 불리기(×) 습관 네 번째는 '원금을 지키자'입니다. 농부는 아무리 힘들어도 '종자'까지 먹지는 않습니다. 다음 해 농사를 지을 밑천이니까요. 농부의 종자는 투자자에게는 원금입니다. 워런 버핏의 투자 원칙 첫 번째는 '절대로 손해를 보지 마라(Never lose money)'이고, 두 번째는 '첫 번째 원칙을 잊지 마라(Never forget rule No. 1)'입니다. 손해를 보지 않는다는 말은 원금을 지킨다는 말입니다. 한번 큰 손실을 보면 그만큼 원금을 회복하기 어렵기 때문에, 항상 원금을 보존하기 위해 노력하라는 것이죠.

 워런 버핏의 투자 원칙을 다시 정리하면 '-50 +100의 법칙'이 됩니다. 원금의 50%의 손실을 보았을 때, 다시 원금을 회복하기 위해서는 100%의 수익률을 올려야 한다는 것이죠. 예를 들어, 1,000만 원을 투자했을 때 50%의 손실이 났다면 남은 돈은 500만 원입니다. 이 500만 원이 다시 1,000만 원이 되기 위해서는 100%(500만 원)의 수익률을 달성해야 합니다. 수익률이 한번 반토막 나면, 원금 회복까지 두 배의 수고가 필요한 것입니다. 그럼 워런 버핏처럼 어떤 경우에도 원금을 지키려면 어떻게 해야 할까요?

저축과 투자의 가장 큰 차이는 '원금 손실의 가능성'입니다. 저축을 하면 은행이 파산하지 않는 한 손해날 일은 없지만, 투자를 하면 언제든 원금 손실의 위험이 따릅니다. 따라서 투자를 할 때는 분산투자를 통해 위험은 줄이고, 장기투자를 통해 안정적인 수익률을 확보하는 전략이 필요합니다. 그런 전략에 가장 충실한 금융상품 중 하나가 '펀드'인데, 수많은 펀드 중 종잣돈을 모으는 데 가장 적합한 펀드가 '적립식 펀드'입니다.

■ 펀드 투자의 장점

세계에서 가장 비싼 주식은 워런 버핏의 '버크셔 해서웨이' 주식으로 Class A와 B 두 종류가 있습니다. 일반인들도 매입할 수 있는 Class B는 현재 주당 260달러 정도에 거래되고 있지만, Class A는 주당 가격이 현재 4억이 넘는데 액면분할 계획도 없다고 합니다. 우리나라에서 1주당 가격이 가장 비싼 주식은 LG생활건강으로, 주당 거래 가격이 160만 원 정도이며, 태광산업은 92만 원, 엔씨소프트는 85만 원 수준입니다.

개인들이 이런 주식을 많이 사기는 어렵습니다. 하지만 계모임 하듯이, 많은 사람들이 돈을 모아 이런 주식을 산 후, 투자수익이 발생하면 개인들이 낸 돈에 비례하여 그 수익을 나눠 가질 수는 있습니다. 이처럼 불특정 다수의 사람들이 모은 돈으로 주식이나 채권 등에 투자하는 상품을 '펀드(Fund)'라고 합니다. 펀드는 '경제적 이익을 얻기 위해 불특정 다수인들이 모은 돈으로 운영되는 투자 기금'을 가리키는 말로 사용됩니다.

펀드 투자의 장점은 무엇일까요? 투자위험을 최소화하기 위해서는 분산투자가 필요한데, 소액으로는 포트폴리오를 적절하게 구성하기 어렵습니다. 그러나 다수의 투자자의 자금을 모아 운용되는 펀드는 '분산투자'가 가능합니다. 또, 펀드는 '투자 전문가에 의해 운영'이 되는 간접투자상품이기 때문에, 정보취득이나 분석능력이 떨어질 수밖에 없고 투자경험도 일천한 개인의 한계를 극복할 수 있습니다. 그리고 펀드는 대규모로 투자되고 운용되기 때문에 '규모의 경제'를 통해 거래비용과 정보취득비용을 절감할 수 있고, 개인이 자금을 투자하고 관리하는 데 소요되는 시간과 노력을 줄일 수 있습니다.

■ 위험을 줄이는 적립식 펀드 투자

펀드에 투자하는 방식에는 일정 금액을 한꺼번에 투자하는 '거치식 투자 방식'과 매달 소액의 돈을 은행에 적금 넣듯이 투자하는 '적립식 투자 방식'이 있습니다. 적립식 펀드도 펀드여서 운용실적에 따라 수익이 달라지기 때문에, 주가가 떨어지면 낮은 수익률과 원금 손실의 위험도 있지만, 목돈이 없어도 투자할 수 있고 한꺼번에 많은 돈을 투자해야 하는 다른 금융상품에 비해 투자위험이 낮다는 장점도 있습니다.

많은 금융기관이나 투자 전문가들은, 목돈을 한 번에 투자하는 것보다 적은 돈을 장기간 적립식으로 투자할 것을 권장합니다. 주식은 가격 변동성이 크지만, 장기적으로 우리나라나 세계 경제의 성장에 비례하여 주식 가격도 높아지기 때문에, 적립식 펀드에 투자하는 기간이 길어질수록 평균 수익률이 증가합니다. 또, 단기투자에 따른 급격한 시장가격의 변동의 위험을 막는 데도 효과적이죠. 투자에는 반드시 위험이 따르지만, 적립식 펀드는 그 위험을 최소화하는 데 가장 효과적이라고 할 수 있습니다.

단기간에 빨리 돈을 모아야 되겠다는 과욕을 부리면 그만큼 위험도 커집니다. 수익과 위험은 동전의 양면과 같아, 무리하게 투자하다 보면 공든 탑이 순식간에 무너질 수도 있습니다. 뉴욕 타임즈의 어느 칼럼니스트가 36개국의 표본을 조사한 자료에 따르면 2020년 주식투자 실패로 자살하는 사람이 1만 명 내외라고 합니다. 최근 부산에서 50대 어머니와 30대 아들이 주식투자와 사업실패로 동반자살한 일도 있었습니다.

자신에게 한 달에 150여만 원의 투자여력이 있는 것을 확인한 어떤 청년은, 주택마련, 노후준비, 3년 후 결혼자금을 위하여, 주택청약종합저축에 50만 원, 연금저축에 34만 원을 넣고, 주식에 50만 원, 채권에 20만 원을 투자하는 적립식 펀드에 70만 원을 넣었습니다. 자금을 나누고, 종목을 나누고, 시간을 나누어 투자한 것이죠. 이제 남은 것은 꾸준히 돈을 납입하고, 배우자가 될 사람을 찾는 일입니다.

　인생은 장기전입니다. 결혼자금, 자녀교육자금, 주택마련자금, 은퇴자금 등 모아야 할 자금도 많습니다. 미래를 꿈꾸며, 요행을 바라지 말고, 적은 돈이라도 매월 꾸준하게 투자하는 자세가 필요합니다. 투자 전문가들의 경험상, 눈덩이(Snowball) 효과가 본격적으로 나타나는 시점은 5년에서 7년 사이라고 합니다. 대박을 노리지 말고, '적립식 펀드에 5년 이상 투자'하면 수익을 높이면서 원금 손실의 위험을 최소화할 수 있습니다.

참고6   유태인에게 배우는 투자의 지혜

현재 세계에서 가장 강력한 힘을 가진 민족이 있습니다. 바로 유태인들입니다. "미국이 세계를 지배하고 있지만, 그 미국을 지배하는 사람들은 유태인이다"라는 말도 있습니다. 유태인 인구는 이스라엘에 약 900만 명, 미국에 약 700만 명이 있으며 그 외 여러 나라에 흩어져 살고 있는 사람들을 다 합치면 2,000만 명이 될지 모르겠습니다. 약 80억 명에 이르는 세계 인구에 비하면 0.25% 정도에 불과한 유태인들이 세계를 쥐락펴락하고 있습니다.

유태인들은 2,000년 동안이나 세계를 떠돌다가 1948년에 이르러서야 이스라엘이라는 작은 나라를 세웠지만, 전 세계에 엄청난 영향력을 발휘하고 있습니다. 미국 부자들 40명 중 20명 이상이 유태인이고, 미국 인구의 2%도 안 되는 유태인들이 미국 경제력의 20% 이상을 차지하고 있다거나, 역대 노벨상 수상자의 30%가 유태인이라는 이야기는 너무 흔한 이야기가 되었습니다. 이런 강력한 유태인 파워는 어디서 나오는 것일까요?

■ 유태인 파워의 원천

　유태인들을 뭉치게 하는 힘은 종교적 가르침에 있습니다. 유태인들은 유대교를 믿고, 구약성경을 읽으며, 탈무드를 통해 배웁니다. 탈무드는 율법에 대한 해석과 실생활에 적용하는 데 있어 가르침을 집대성한 책으로, 그 속에는 종교예배, 의식, 도덕, 법률, 신앙, 사회행동 관련 교훈이나 일화, 우화 같은 온갖 지혜가 들어 있습니다. 탈무드는 유태인의 생활 전체를 규제하고 있으며 그를 통해 유태인들은 하나가 되고 있습니다.

　유태인들을 강하게 만드는 힘은 전통을 지키는 데 있습니다. 유태인들에게 최고의 축제는 이집트 왕국의 노예 생활로부터 탈출한 사건을 기념하는 유월절입니다. 유월절에는 온 가족이 모여 출애굽기를 읽습니다. 그 시작은 '우리는 이집트의 노예였다'는 구절입니다. 그리고 쓴 나물과 거친 빵과 달걀을 먹습니다. 쓴 나물과 거친 빵은 조상들의 노예 시절을 잊지 않기 위해서고, 삶을수록 굳어지는 달걀은 더욱 강하게 살자는 의미입니다.

　유태인들을 부자로 만드는 힘은 어려서부터의 경제교육에 있습니다. 탈무드에는 '유태인은 돈을 경멸하지 않는다'는 내용이 있습니다. 유태인들은 어려서부터 탈무드를 통해 돈을 배웁니다. 유태인 부모는 아이에게 돈이 좋은 것임을 깨닫게 하고, 이유 있는 용돈을 지급하여 돈의 가치를 알게 하며, 저축하는 능력을 길러 줍니다. 그리고 두 개의 저금통을 준비하여 하나는 자신을 위해, 또 하나는 남을 위해 기부할 줄 아는 마음을 길러 줍니다.

■ 유태인 아이 VS 한국인 아이

유태인의 삶에 있어 가장 중요한 행사 중 하나는 성인식입니다. 13세 때 거행되는 성인식은 이제 성인으로서 부모를 거치지 않고 직접 하느님과 대화할 수 있는 성인이 되었다는 것을 선포하는 자리입니다. 성인식 날 유태인 아이들은 성경책과 시계, 돈이라는 세 가지 선물을 받습니다. 이제 성인으로서 하느님의 말씀대로 잘 살고, 사회인으로서 시간을 소중히 여기며, 생활인으로서 돈의 가치를 알고 많이 벌어, 많이 베풀고 살라는 의미입니다.

성인식에 초대된 하객들은 축하금을 내는데 그 규모가 장난이 아닙니다. 일반적인 지인들이 200달러 정도를 내고, 친척들은 수백, 수천 달러를 내기도 해서, 보통 축하금이 5만 달러 정도나 된다고 합니다. 이 돈을 13세부터 27세까지 14년간 예금이나 주식, 채권 등에 장기간 분산투자 하면 어떻게 될까요? 72의 법칙에 따라 6% 수익률만 내도 10만 달러가 훌쩍 넘어갑니다. 이미 '빛나는' '엄청난 달러'를 가지고 사회생활을 시작하게 되는 것이죠.

※ 유태인 아이 VS 한국인 아이

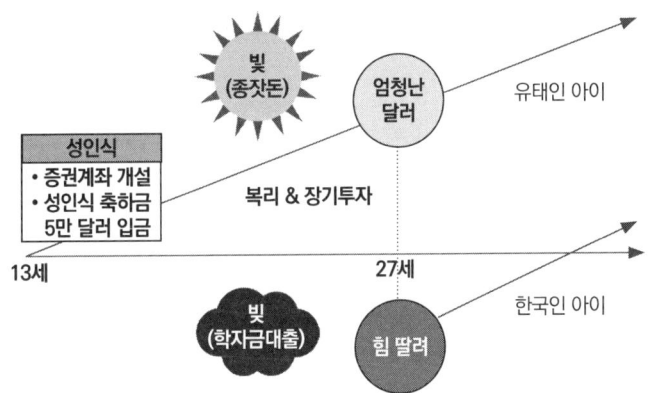

그럼 우리 아이들은 어떨까요? 우리나라에는 성인식은 없고, 1973년에 제정된 성년의 날이 있습니다. 성년의 날은 만 19세가 된 신생 성인들을 축하하고 사회인으로서 책임감을 일깨워 주기 위한 목적으로 지정된 기념일로, 매년 5월 셋째 월요일입니다. 그런데 성년의 날 무슨 선물이 있던가요? 가족이나 친구들끼리 식사를 하고 초콜릿이나 향수나 시계 같은 간단한 선물을 하는 정도이고, 그런 날이 있는지도 모르는 사람들도 많습니다.

대학생이 되고 성년이 되었지만 가정 형편 때문에 학자금대출을 받는 친구들도 많습니다. 대학 8학기 모두 학자금대출을 받았더니 졸업 때 빚만 2,500만 원이더라는 학생도 있습니다. 한국장학재단에 의하면 2019년 현재 학자금대출 인원은 약 65만 명에 대출금은 약 2조 원이나 됩니다. 유태인 아이들이 '엄청난 달러'를 가지고 사회생활을 시작할 때, 우리나라 아이들은 학자금대출이라는 '빚'을 안고 '힘 딸려' 인생을 시작하는 것이죠.

■ 유태인 따라 하기

　미국의 석유재벌 폴 게티는 "부자 되는 법을 알고 싶다면 돈을 많이 버는 사람을 찾아서 그 사람이 하는 대로 하라"라고 말했습니다. 부자가 많은 유태인들에게 배울 점은 무엇일까요? 먼저, 유태인들은 일찍 시작합니다. 어려서부터 돈을 배우고, 13살 때 5만 달러 정도를 마련한 아이들과 대학 졸업 후 빚을 안고 시작하는 우리나라 아이들은 출발부터 다릅니다. 우리도 아이들이 어려서부터 돈의 가치를 알고 종잣돈을 모으는 방법을 가르쳐야 합니다.

　유태인들은 시간을 자신들의 편으로 삼습니다. 요즘 청년들이 빨리 뭔가를 마련하기 위해 '영끌' 투자에 나서고 있지만, 돈은 그렇게 쉽게 벌어지지 않습니다. 워런 버핏은 헤지펀드와 32만 달러짜리 수익률 대결에서 승리했습니다. 2008년부터 10년 동안 벌어진 게임에서 워런 버핏의 인덱스펀드 수익률은 7%, 직접투자에 나선 헤지펀드 수익률은 2%였습니다. 수시로 사고팔아 단기적인 수익을 챙기는 것이 전부가 아니라는 말입니다.

　주식시장은 100명 중 5명 정도만 이득을 얻는 위험한 시장입니다. 유태인들은 자산을 분산투자하여 위험을 줄입니다. 탈무드에는 "자산은 셋으로 나누어 관리한다. 1/3은 땅에, 1/3은 사업에 투자하고, 1/3은 현금으로 보유하라"라는 말이 있는데, 이를 '자산 3분법'이라고 합니다. 유태인이기도 한 워런 버핏은 아내에게 남기는 유언장에서 "현금의 10%는 단기 국채를 사고, 90%는 S&P500 인덱스투자를 하라"라고 했습니다.

워런 버핏이 그렇게도 강조하는 인덱스펀드는 'KOSPI' 또는 'S&P500' 같은 지수의 수익률과 유사한 수익을 실현할 수 있도록 운용되는 펀드입니다. 쉽게 말해 코스피가 10% 오르면 내 펀드 수익률도 10% 오르는 구조인 것이죠. 인덱스펀드는 시가총액 상위의 우량종목 중심으로 운용되기 때문에 개별 주식투자에 비해 수익률 변동이 적어 안정적이고, 무엇보다 세금이나 펀드보수 및 운용비용이 저렴합니다. 워런 버핏은 "어떠한 헤지펀드도 장기적으로 보수가 매우 낮은 인덱스펀드의 수익률을 따라갈 수 없다"라고 했습니다.

요즘 돌아가는 추세를 보면, 세계에서 유태인을 뛰어넘을 유일한 민족은 우리나라 사람들 같습니다. 우리에겐 핍박으로 점철된 역사와 그것을 딛고 일어선 강인한 정신과 '홍익인간(弘益人間)'이라고 하는 뜨거운 인류애가 있고, 악착같은 교육열이 있습니다. 유태인보다 우리가 못할 리 없습니다. 아기가 태어나면 국가가 인덱스펀드 하나씩 선물하면 좋겠습니다. '바르게 벌어서 바르게 쓸 때 돈은 아름다운 꽃'이라고 합니다. 우리 아이들이 어릴 때부터 돈의 가치를 제대로 배울 수 있도록 하고, 사교육비 중 한 과목이라도 줄여서, 그 돈을 아이가 대학 갈 때까지 펀드에 투자할 수 있게 하면 좋겠습니다.

참고7 최근 금융투자상품

구분	상품내용
ELS (주가연계증권)	· 개별 주식의 가격이나 주가지수에 연계되어 투자수익이 결정되는 유가증권 예) 기초주식인 A종목 주가가 만기일에 ELS 발행일 현재 종가의 65% 이상이 되면 투자자에게 원금의 106%에 해당하는 금액을 상환하고, 그렇지 않으면 원금만 상환
DLS (파생결합증권)	· ELS가 발전한 형태로, 이자율, 환율, 실물자산이나 파생상품 등의 가치, 특정 회사의 신용도 등이 사전에 약정된 범위 내에서 변동하는 경우 약정된 수익률을 적용하여 산출한 금액을 투자자에게 지급하는 상품으로 기초자산이 ELS에 비해 더 복잡
DLB (파생결합사채)	· 파생결합증권(ELS·DLS) 중에서 원금을 보장해주는 상품을 따로 분리한 형태 · 기초자산의 성격에 따라 주가연계형 파생결합사채(ELB)와 기타 파생결합사채(DLB)로 분류 · 기초자산을 기준으로 수익률이 결정되며 사전에 약정된 구조에 따라 수익금액을 지급 · 원금 손실의 위험을 피하면서 은행의 적금이나 예금 금리 이상의 수익을 추구
ELW (주식워런트 증권)	· 투자자에게 일정기간 동안 특정종목의 주가 또는 주가지수를 사전에 정한 조건으로 매수하거나, 매도할 수 있는 권리(option)를 부여한 증권 예) 만기일까지의 남은 기간 중에 특정 주식의 종가가 권리행사 가격보다 높으면 종가에서 권리행사가격을 뺀 금액에 사전에 약정한 전환비율을 곱한 금액을 지급하고, 그 차이가 0 이하가 되면 어떠한 금액도 지급하지 않고 해당 권리가 소멸되는 구조
Index Fund (인덱스펀드)	· 주가지수에 영향력이 큰 종목들 위주로 펀드에 편입해 펀드 수익률이 주가지수를 따라가도록 하는 상품으로 시장의 평균 수익을 실현하는 것이 목표
ETF (상장지수 집합투자기구)	· 특정 주가지수 등의 가격변동성을 모방할 수 있도록 자산구성을 만들어 그 주가지수 수익률을 실현할 목표로 자산을 운용하는 펀드 · 거래소에 상장돼 일반 주식처럼 자유롭게 사고팔 수 있음 · 해당 지수의 가격이 내려야 이익을 거둘 수 있는 인버스(Inverse) ETF와 해당 지수의 가격 상승폭 또는 하락폭의 배수만큼 손익이 확대되는 레버리지(leveraged) ETF가 있음

구분	상품내용
ETN (상장지수 채권)	· ETF와 마찬가지로 거래소에 상장돼 손쉽게 사고팔 수 있는 채권
RP (환매조건부 채권)	· 유가증권을 매수 또는 매도하고 일정기간 후에 사전에 정해진 가격으로 다시 매도 또는 매수하는 거래 · 투자자 입장에서는 유가증권을 담보로 자금을 빌려주고 약정기간 후에 원금과 약정이자를 받는 확정금리상품
CMA (종합자산관리 계좌)	· 투자자로부터 받은 예탁금을 수익성이 좋은 단기국공채, 양도성 예금증서 등의 금융상품에 투자하여 발생한 수익금을 되돌려주는 상품으로 하루만 맡겨도 2~3%의 높은 금리를 제공
MMF (단기금융집합 투자기구)	· 투자신탁회사가 고객의 돈을 모아 펀드를 구성해서 만기 1년 이내의 채권, 양도성 예금증서 등에 투자하여 얻은 수익을 되돌려주는 상품으로 매일 이자가 붙고 수시 입출금이 가능
MMDA (시장금리부 수시입출금식 예금)	· 미국의 은행이 투자신탁회사의 MMF에 대응하기 위해 도입 · 고객이 맡긴 자금을 하루짜리 콜이나 양도성예금증서(CD) 등 단기금융상품에 투자해 얻은 이익을 이자로 지불하는 상품으로 언제 쓸지 모르는 목돈을 잠시 운용하기에 적합

참고8 돈을 늘리는 금융투자상품

　금융상품은 원금 손실 가능성을 기준으로 비금융투자상품과 금융투자상품으로 나뉘고, 금융투자상품은 원금 이상으로 손실이 날 가능성을 기준으로 증권과 파생상품으로 나뉘며, 파생상품은 거래 장소에 따라 장외파생상품과 장내파생상품으로 나뉩니다.

※ 금융상품 분류

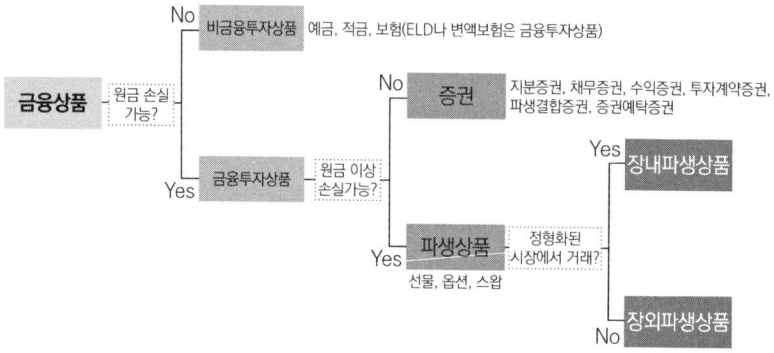

　비금융투자상품은 적금이나 예금, 보험처럼 내 돈을 잃을 가능성이 거의 없는 상품입니다. 하지만, 원금을 보장해 주면서 주가지수의 움직임에 따라 예금 금리가 결정되는 예금 상품인 ELD(주가연계예금)나, 보험료의 일부를 투자해서 투자 성과에 따라 보험금이 달라지는 변액보험은 예외적으로 금융투자상품으로 분류됩니다.

금융투자상품은 투자 결과에 따라 손실이 날 수도 있는 상품인데, 증권과 파생상품으로 나뉩니다. 증권은 손실이 날 수 있지만 내가 투자한 돈 이상으로는 손실이 날 가능성이 없는 반면, 파생상품은 내가 투자한 돈 이상으로도 손실이 발생할 가능성이 있는 상품입니다. 다시 말해 100원을 투자한 경우 아무리 큰 손실이 나도 100원 이상으로는 나지 않는 것은 증권, 100원 이상의 손실도 발생할 수 있는 것은 파생상품이라는 것이죠.

증권은 어떤 증거가 되는 문서나 서류인데, 일반적으로 증권이라 하면 '유가증권'을 말합니다. 유가증권은 화폐, 상품증권, 어음, 수표, 주식, 채권처럼 재산적인 권리를 표시한 증서입니다. 자본시장법상 증권은 지분증권, 채무증권, 수익증권, 투자계약증권, 파생결합증권, 증권예탁증권 6가지로 나뉩니다.

먼저 지분증권은 회사나 조합, 기금 등의 순자산에 대한 소유지분을 나타내는 유가증권으로 대표적인 것이 주식입니다. 주식은 주식회사가 회사 경영에 필요한 돈을 조달받기 위해 투자자로부터 돈을 받고 발행하는 증서입니다. 주식을 사면 주주가 되어 주주총회에서 주주로서 권리 행사도 가능하고 배당금도 받을 수 있지만, 주식회사가 파산하면 원금 전부를 손해 볼 수도 있습니다.

두 번째로 채무증권은 지급청구권이 표시되어 있는 증권으로 대표적인 것이 채권입니다. 채권은 정부나 지방자치단체, 주식회사 등이 필요한 돈을 비교적 장기간 동안 투자자들에게 빌리면서 일정 기간 동안 정기적으로 이자를 지급하고 만기에 원금을 상환한다는 조건을 명시한 유가증권으로 발행주체에 따라 국채, 지방채, 회사채가 있습니다. 채권은 사는 순간 받을 이자가 확정되어 안정성이 높지만, 원금의 상환기간이 길어 인플레이션으로 인한 손실의 위험이 발생하기도 합니다.

세 번째로 수익증권은 고객이 맡긴 재산을 투자하여 거기서 발생하는 수익을 분배받을 수 있는 권리를 표시하는 증권으로 펀드가 대표적입니다. 펀드는 다수의 사람들로부터 돈을 모아 주식이나 채권, 기타 금융상품에 나누어 투자하고 그에 따른 수익이나 손실을 다시 투자자에게 배분하는 상품입니다. 소액 자금으로도 금융시장에 참여할 수 있고, 많은 경험과 전문 지식을 가진 자산운용사들이 투자자를 대신하여 자산을 운용하기 때문에 전문적인 투자와 위험의 분산이라는 장점을 누릴 수 있으며, 수익성도 높을 수 있지만 원금 보장은 되지 않습니다.

네 번째로 투자계약증권은 타인과의 공동사업에 금전을 투자하고 그 결과에 따른 이익을 받을 권리가 표시된 증서로 'ICO'나 'P2P 대출' 같은 것이 대표적입니다. ICO(initial Coin Offering)는 신규 암호화폐를 발행해 투자자들로부터 사업 자금을 모집하는 방식이고, P2P(Peer-to-Peer) 대출은 돈이 필요한 사람과 돈을 공급해 주는 사람을 온라인에서 만나게 중개해 주는 것을 말합니다.

다섯 번째로 파생결합증권은 특정한 기초자산의 가격이나 지수의 등

락에 따라 수익률이 결정되는 상품으로 ELD나 ELS, DLS가 대표적입니다. ELD(Equity-Linked Deposit)는 주가지수에 연계되어 수익이 결정되는 예금 상품으로 은행에서 판매합니다. ELS(Equity Linked Securities)는 주식이나 주가지수의 등락에 따라, DLS(Derivatives Linked Securities)는 주식이나 주가가 아닌 이자율, 통화, 실물자산, 신용위험 등의 기초자산과 연계해 투자수익이 결정되는 상품입니다.

여섯 번째로 증권예탁증권은 해외 투자자의 편의를 위해 기업이 주식 원본은 한국예탁결제원 같은 자국 기관에 보관하고, 그 소유권을 대체하는 증서를 발행해서 해외에 유통시키는 것을 말합니다. 이 대체증서를 DR(Depositary Receipts)이라고 하며, 발행된 시장에 따라 ADR(American DR), EDR(European DR) 등으로 분류합니다.

금융투자상품 중 파생상품(derivatives)은 농산물, 비철금속, 귀금속, 에너지 같은 실물자산이나 통화, 주식, 채권 같은 금융자산을 기초자산으로 해서 그 기초자산의 가격이나 지수로부터 경제적 가치가 파생(derive)되도록 만들어진 상품입니다. 선물이나 옵션, 스왑 같은 상품이 대표적인데, 거래 장소에 따라 장내거래와 장외거래로 구분됩니다.

선물은 기초자산을 미래 특정시점에 특정가격으로 사고팔기로 약정하는 계약입니다. 예를 들어 선물매수의 경우, 어떤 기업의 주식을 3개월 후에 10,000원에 사겠다고 약정을 하면, 약정시점에 주가가 20,000원이 되든, 5,000원이 되든 10,000원에 사야 하는 것이 선물거래입니다. 주가가 20,000원이 되었다면 10,000원의 이익이 생기는 것이고 5,000원이 되었다면 5,000원의 손실이 발생하는 것이죠.

옵션(Option)은 기초자산을 미래의 특정시점 또는 특정기간 동안 미리 정한 가격, 즉 행사가격으로 살 수 있는 권리(call)와 팔 수 있는 권리(put)를 사고파는 계약입니다. 3개월 뒤에 어떤 기업의 주식을 10,000원에 살 수 있는 권리를 매입했는데, 약정시점에 그 기업의 주가가 10,000원 이상이 되면 권리를 행사하고 10,000원보다 더 낮으면 권리를 행사하지 않을 수 있는 권리의 거래가 옵션입니다.

스왑(swaps)은 일반적으로 두 개의 금융자산 또는 부채에서 파생되는 미래의 현금흐름(cash flows)을 교환하기로 하는 계약입니다. 스왑에는 변동금리 채무와 고정금리 채무 간의 이자지급을 교환하기로 약정하는 금리스왑과 자국 통화를 상대국 통화로 맞교환하는 통화스왑이 있습니다. 우리나라는 외환위기가 또 발생하면 외국 통화를 차입해 국내 금융기관에 유동성을 공급함으로써 금융안정성을 높이기 위해 캐나다를 비롯한 여러 나라와 통화스왑을 맺고 있습니다.

참고9 파생결합상품 투자와 유의사항

파생결합상품의 수익은 기초자산(underlying asset)의 가격 변동에 따라 결정되는데, 상품의 구조는 대개 기초자산과 만기, 상환주기, 낙인, 조기상환조건, 수익률 등으로 이루어져 있습니다. 예를 들어, 다음과 같은 ELS 상품이 있다고 할 때 그 의미는 무엇일까요?

- 기초자산: KOSPI 200, KOSDAQ50, S&P500
- 만기: 3년
- 상환주기: 6개월
- 낙인: 60
- 조기상환조건: 95-90-85-80-75
- 연 수익률: 10%

우선, 이 상품은 가입 당시 우리나라를 대표하는 200개 회사와 코스닥시장을 대표하는 50개 회사 그리고 스탠더드&푸어스에서 발표하는 미국을 대표하는 500개 회사의 주가지수를 기초자산으로 하여 이들 주가지수의 변동에 따라 수익률이 변동되는 상품이라는 것을 알 수 있습니다.

두 번째로 만기는 3년이고, 6개월마다 평가를 하며, 낙인(Knock-In)은 60%입니다. 여기서 낙인은 원금 손실이 발생 가능한 조건을 말하는데, 평가기간 중 기초자산 가격이 한 번이라도 최초 가격 대비 60% 미만으로 하락하면 원금 손실이 발생한다는 것을 알 수 있습니다.

세 번째로 3년 동안 기초자산 가격이 최초 대비 60% 수준 이상만 유지하면 연 10%의 수익을 얻을 수 있지만, 기초자산 중 어느 하나라도 60% 수준 미만으로 떨어지면, 만기 때 모든 지수가 70% 수준 이상이 되어야 연 10%의 수익률을 얻을 수 있다는 것도 알 수 있습니다.

그럼 만기 때 기초자산 중 어느 하나라도 70% 수준이 안 되면 어떻게 될까요? 이때는 100%의 차이만큼 원금 손실이 발생하는데, 만기 때 기초자산 가격이 최초 가격 대비 60% 수준이라면 원금에 40%의 손실이 발생하고, 30% 수준이라면 70%의 손실이 발생하며, 최악의 경우에는 100%의 원금 손실도 발생할 수 있습니다.

네 번째로 이 상품은 3년 만기까지 가지 않고 끝날 수 있습니다. 조기상환조건에 나온 대로 이 상품 가입 6개월 후에 기초자산 가격이 최초 대비 95% 수준이라면 원금과 10%의 수익을 지급받고 끝나게 됩니다. 12개월 시점에 90%, 18개월 시점에 85%, 24개월 시점에 80%, 그리고 30개월 시점에 75% 수준을 유지해도 마찬가지입니다.

이처럼 파생결합증권은 사전에 정해진 수익조건을 충족하면 약속된 수익률을 지급하는 상품입니다. 직접투자하기 어려운 실물자산에 대한 투자가 가능하고, 다양한 원금지급수준(100%, 95%, 80%, 비보장 등)이 있어 투자 리스크를 줄일 수 있습니다. 또, 1~5년까지 다양한 만기상품과 4~6개월 단위 조기상환조건이 있어 자금운용 스케줄에 맞춰 만기나 상품조건을 선택할 수 있습니다.

그럼 ELS 투자는 주식투자와 뭐가 다른지 알아볼까요? 두 친구가 똑같은 돈을 주식과 ELS에 투자하는 경우를 생각해 봅시다. 직접투자를 선호하는 A는 주식을 사고, B는 1년 만기, 낙인 조건 50%, 연 수익률 10%인 ELS에 가입한 경우 기간에 따른 A, B의 수익률은 어떻게 될까요?

※ 주식 VS ELS 투자 수익률

구분	Case 1 +50%	Case 2 0%	Case 3 -49%	Case 4 -51%
A(주식 구입)	+50%	0%	-49%	-51%
B(ELS 가입)	+10%	+10%	+10%	-51%

A는 주식에 직접투자를 했기 때문에 1년 뒤 주가가 50% 오르면 50%의 이익을 보고, 주가가 그대로면 수익이 없으며, 주가가 -49%, -51%로 떨어지면 -49%, -51%의 손해를 보게 됩니다. B의 경우에는 주가가 50% 이하로 떨어지지만 않으면 언제든 10%의 수익을 얻을 수 있고, Case 4의 경우처럼 주가가 50% 이하로 떨어진 경우에만 A와 똑같은 손실을 보게 됩니다. 이를 통해, 주식에 투자하면 주가에 따라 높은 수익과 손실을 그대로 감수해야 하지만, ELS에 투자하면 주가가 낙인 조건 아래로 떨어지지만 않는다면, 약정한 수익을 얻을 수 있어 좀 더 안정적이라는 것을 알 수 있습니다.

이처럼 파생결합증권은 다양한 상품 설계를 통해 기초자산 가격이 횡보, 하락, 조정을 받는 장에서도 수익 추구가 가능하기 때문에, 시장 상황이 불투명하고 원금 손실에 대한 불안감이 큰 경우에도 활용될 수 있는 대안상품으로 각광을 받고 있습니다. 그러나 투자위험도 큰 만큼 높은 수익률에 현혹되어 '묻지 마' 투자를 하면 낭패를 볼 수 있습니다

실제로 ELS에 넣었다가 후회를 하는 사람들도 있습니다. 퇴직금의 일부를 홍콩H지수 등 3개의 지수를 기초자산으로 하고, 낙인 50%, 연 수익률 8%를 지급하는 3년 만기 ELS에 투자했다가 큰 손실을 본 은퇴자의 이야기가 신문에 실리기도 했습니다. 중국 경기가 둔화되면서 기초자산 가격이 가입 당시보다 50% 밑으로 떨어져 수익은커녕 원금의 절반 이상을 날리게 된 것이죠.

파생결합상품은 주식이나 채권 등과는 다르게 기초자산의 가격변동에 따라 수익이 결정되는 파생상품적 성격을 지니고 있어 기초자산 가격이 투자자에게 불리한 방향으로 움직이는 경우에는 원금의 일부나 전부를 날릴 수 있습니다. 또, 중도에 상환을 신청하면 위험 회피 비용 등을 떼고 지급하기 때문에 당초 투자금액보다 적은 금액을 받을 수 있고, 예금자 보호도 되지 않습니다.

파생결합상품에 가입할 때는 해당 상품의 투자설명서를 통해 기초자산의 종류나 숫자, 손실발생 가능성, 중도상환 가격 결정 방법 등을 잘 따져 보아야 합니다. 금융감독원에서는 파생결합상품에 투자할 때 '수익률보다 위험성을 먼저 보라'고 합니다. 투자에 앞서 금융소비자 정보 포털 '파인(https://fine.fss.or.kr)'에 들어가 각종 금융상품 투자 시 유의사항 등을 잘 살펴보기 바랍니다.

07
행복한 부자로 가는 나누기(÷) 습관

37
부자들의 공통점

중국을 최초로 통일한 진시황 때, 만리장성의 건설에 동원될 사람들을 인솔하고 가던 '진승(陳勝)'은 큰 비가 내려 제때 도착할 수 없었습니다. 그 당시 혹독한 법 때문에 목이 날아가게 생긴 진승은 동료 오광과 함께 반란을 일으켰습니다. 그때 내건 유명한 말이 "왕후장상의 씨가 따로 있느냐(王侯將相寧有種乎)"였습니다. 어떤 사람이든 그렇게 될 수 있다는 것인데, 역사상 새 왕조를 열었던 사람들을 보면 그 말이 맞는 것 같습니다.

2,200년 전 그의 말대로, 부자가 되는 사람도 따로 정해져 있지 않습니다. 예나 지금이나, 부자의 DNA가 따로 있는 것이 아닙니다. 돈은 학벌이나 용모나 직업을 가리지 않습니다. 끼니 걱정에, 중학교도 제대로 졸업을 못 했지만 중국 최고의 부자가 된 사람도 있고, 개인 재산만 1조 달러에 달하는 영국의 잡지왕은 무일푼의 히피 청년이었습니다. 누구나 열심히 노력하면 부자가 될 수 있습니다. 돈은 가장 효율적인 사람에게 모입니다.

■ 늘어나는 자수성가형 부자들

미국의 경제전문지 포브스가 발표한 2020년 세계 최고의 부자는 아마존의 창업자 '제프 베이조스'였습니다. 그리고 2위는 빌 게이츠, 3위는 루이비통의 회장 베르나르 아르노, 4위는 워런 버핏, 5위는 오라클의 창업자 래리 엘리슨이었습니다. 3위를 제외하면 모두 미국 사람들이고 자수성가한 부자들인데, 미국 백만장자의 80%는 자수성가한 부자들이라고 합니다. 100년 전에도 약 84%의 백만장자들이 부모의 재산을 전혀 이어받지 않은 부자들이었다고 하니, 미국은 새로운 부자들이 계속 등장하는 건강한 사회인 것 같습니다.

우리나라는 어떨까요? 포브스에서 조사한 '2020년 한국 50대 부자'에 따르면, 자수성가한 부자들은 전체의 48%(24명)를 차지했습니다. 미국에 비해, 상속을 통해 부(富)를 이어받은 사람들이 많은 것이죠. 하지만 15년 전만 해도 전체 50명 중 자수성가형 부자가 7명에 불과했다는 것을 생각하면 엄청나게 많아진 것입니다. 주식, ICT, 바이오 등을 통해 부자가 된 신흥부자들이 많이 등장했는데, 우리나라 경제가 전통적인 제조업 중심에서 4차 산업과 신기술을 중심으로 변화하고 있다는 것을 알 수 있습니다.

■ 한국의 부자들

이렇게 대표적인 부자들 말고도, 부자들은 많습니다. KB금융지주에서 발표한 '2020년 한국 부자 현황'에 따르면, 금융자산만 10억 이상 보유한 사람들이 35만 4천 명이고, 2019년에 비해 1만 7천 명이나 늘었습니다. 우리나라에서 부자 소리 듣는 사람들이 점점 더 많아지고 있다는 것을 알 수 있습니다. 어느 정도 자산이 형성되면, 그 자산만으로도 자산이 복리효과를 얻을 수 있기 때문에 부자의 증가추세는 꺾이지 않을 것입니다.

우리나라 부자들이 부(富)를 늘려 가는 주된 동력은 첫 번째 저축 여력, 두 번째 종잣돈, 세 번째는 부채의 활용, 그리고 네 번째는 투자자산분배 전략이었습니다. 이를 엮으면, 열심히 저축을 해서 종잣돈을 모은 후, 부채를 더해 여러 자산에 투자하여 높은 수익을 올림으로써 부(富)를 더욱 키워 간다는 이야기가 됩니다. 나의 노력으로 종잣돈을 만들고, 남의 힘을 더해 부자가 되는 것이죠. 그런데 나의 노력으로 종잣돈을 만드는 과정에서는 각고의 노력이 필요했을 것입니다. 부자들은 어떤 사람들일까요?

■ 부자들의 습관

부자들은 목표를 나누어 하나씩 달성해 갑니다. 어떤 일도 한 방에 이루어지지 않습니다. 천 리 길도 한 걸음부터입니다. 데카르트가 고안한

'소시지 전략'은, '큰 덩어리의 소시지는 먹기에 불편하지만 작게 나누면 먹기가 쉽다'는 것입니다. 살아가면서 꼭 필요한 여러 자금들이 있는데, 부자들은 그 자금들을 하나하나 별도의 목표로 설정합니다. 그리고 하나씩 하나씩 달성해 나감으로써 성취감을 맛봅니다. 금융상품에 가입하면 절대로 중도에 해지하지 않습니다. 만기까지 인내와 끈기를 가지고 목돈을 만들어 냅니다.

부자들은 소득을 나누어 효율적으로 관리합니다. 그렇게 하는 것이 목적자금과 종잣돈을 만드는 가장 효율적인 방법이기 때문입니다. 우리나라 부자들이 말하는 종잣돈은 5억입니다. 종잣돈을 모으면 그다음부터는 돈이 알아서 불어납니다. 소득에서 고정지출을 제외하고는 대부분을 저축하고, 나머지 돈으로 생활비를 쓰며 살아갑니다. '생계형 자금 통장', '자산형성자금 통장', '투자용 자금 통장'으로 나누어 소득을 관리합니다. 포트폴리오를 구성하여 높은 현재와 미래, 수익과 위험을 동시에 관리합니다.

부자들은 시간을 나누어 배움에 투자합니다. 부자들은 1분, 1초를 아끼며 시간을 효율적으로 사용합니다. 약속시간을 잘 지키고, 항상 다음에는 무엇을 할까 늘 생각하며 살아갑니다. 부자들은 정보를 중시하고 자기계발에 열심입니다. 경제기사는 물론, 다양한 분야의 책을 읽고, 관심이 가는 상품은 끊임없이 공부하며, 의심이 가는 부분을 전문가들을 찾아 확인합니다. 부자들에게는 멘토가 있습니다. 톱질만 계속하면 나무를 다 벨 수 없습니다. 부자들은 열심히 일하면서 일부러 틈을 내어 톱날을 가는 사람들입니다.

부자들은 마음을 나누어 나눔을 실천합니다. 영원한 부자는 타인을 돕는 사람입니다. 탈무드에서 '부자가 되기를 원하면 베풀라'고 했습니다. 욕심만으로 재산을 축적할 수 없습니다. 재산을 모으고 싶은 사람은 재산의 씨를 뿌려야 합니다. 부자들은 공익사업에 기부하는 것을 나쁜 운을 막는 액막이로 생각합니다. 유태인들은 어떤 사람을 평가할 때 돈이 많다, 인간성이 좋다 등이 아니라 '기부를 얼마나 하는지'를 따진다고 합니다. 그래서 그런지 유태인 부자들은 기부를 많이 합니다.

■ 부자들의 습관을 익히자

부자들은 성취의 즐거움을 아는 사람들입니다. 큰 목표를 나누어 차근차근 달성합니다. 부자들은 돈을 부릴 줄 아는 사람들입니다. 돈을 나누어 실물자산, 주식, 펀드, 보험 등에 투자하여 돈이 일을 하게 만듭니다. 부자들은 끊임없이 배우는 사람들입니다. 시간을 나누어 정보 습득과 자기계발에 열심입니다. 부자들은 나눌 줄 아는 사람들입니다. 마음을 나누어 쓸 때는 크게 씁니다. 이처럼 부자들의 공통점은 나누기를 잘합니다. 부자가 많아지고, 존경받는 사회가 강대국의 조건입니다. 우리나라가 그렇게 되길 기대합니다.

38
목표를 나누어 힘을 줄이자

행복한 부자로 가는 나누기(÷) 습관 첫 번째는 '목표를 나누자'입니다. 목표는 언젠가 되고 싶고, 이루고 싶은 것입니다. 부자가 되고자 하는 것도 하나의 목표입니다. 그런데 어떤 목표가 되었든 한 방에 이룰 수는 없습니다. 그래서 전략이 필요합니다. 부자들은 큰 목표를 작은 목표들로 나눕니다. 그리고 파편화된 작은 목표들을 달성해 냄으로써 결국은 전체 목표를 달성합니다.

■ 오타니의 위대한 목표

일본의 유명한 야구선수 오타니 쇼헤이는 고등학교 때, '프로야구 신인 드래프트에서 1순위로 지명'되겠다는 목표를 세웠습니다. 그리고 몸만들기, 제구력, 구위, 스피드, 변화구, 운, 인간성, 멘털 등 8가지 세부를 정했습니다. 이어서 8가지 세부목표를 개선시키기 위해 8개 목표마다 8개

씩의 실천항목을 만들어 총 64개의 목표를 만들었습니다. 이를 꾸준히 실천한 결과 실제로 1순위로 지명이 되었고, 일본 리그에서 빼어난 성적을 올린 후, 지금은 미국의 메이저리그에서 뛰고 있습니다.

※ 오타니의 만다라트

몸관리	영양제 먹기	FSQ 90kg	인스텝 개선	몸통 강화	축 흔들지않기	각도를 만든다	위에서부터 공을 던진다	손목 강화
유연성	몸만들기	RSQ 130kg	릴리즈 포인트 안정	제구	불안정 없애기	힘 모으기	구위	하반신 주도
스테미너	가동력	식사 저녁 7숟갈 아침 3숟갈	하체 강화	몸을 열지 않기	멘털을 컨트롤	볼을 앞에서 릴리즈	회전수 증가	가동력
뚜렷한 목표·목적	일희일비 하지 않기	머리는 차갑게 심장은 뜨겁게	몸만들기	제구	구위	축을 돌리기	하체 강화	체중 증가
핀치에 강하게	멘털	분위기에 휩쓸리지 않기	멘털	8구단 드래프트 1순위	스피드 160km/h	몸통 강화	스피드 160km/h	어깨 주변 강화
마음의 파도를 안 만들기	승리에 대한 집념	동료를 배려하는 마음	인간성	운	변화구	가동력	라이너 캐치볼	피칭 늘리기
감성	사랑받는 사람	계획성	인사하기	쓰레기 줍기	부실 청소	카운트볼 늘리기	포크볼 완성	슬라이더 구위
배려	인간성	감사	물건을 소중히 쓰자	운	심판을 대하는 태도	늦게 낙차가 있는 커브	변화구	좌타자 결정구
예의	신뢰받는 사람	지속력	긍정적 사고	응원받는 사람	책읽기	직구와 같은 폼으로 던지기	스트라이크 볼을 던질 때 제구	거리를 상상하기

이렇게 목표를 세우는 방법을 '만다라트'라고 합니다. 만다라트는 일본의 디자이너 마츠무라 야스오가 창안한 아이디어 발상법입니다. 불교에서 진리에 이르는 길을 그림으로 나타낸 '만다라'에 기술을 뜻하는 '아트'를 붙여 '만다라트'라고 한 것이죠. 아이디어 발상법으로 널리 쓰이는 '브

레인스토밍'이나 '마인드 맵'을 좀 더 체계화시킨 것이라고 할까요? 만다라트는 하나의 목표에 대한 하위 목표를 설정하고 아이디어를 확산시키는 데 도움이 됩니다. 아이디어를 내거나 문제에 대한 해결 방법을 찾으려고 하거나 미래 시나리오를 만들 때 활용할 수 있습니다. 꼭 만다라트 방식이 아니더라도, 목표를 나누어 보면 달성 가능한 방법들이 보입니다.

■ 연령대별 재테크

사람이 태어나서 죽을 때까지 세 개의 구간으로 나눠 볼 수 있습니다. 태어나서 30년은 '배우는 시기', 중간 30년은 '일하는 시기', 마지막 30년은 그동안 쌓아 온 경륜을 '나누는 시기'처럼 말이죠. 각각의 시기마다 '학습인', '직업인', '나눔인'으로 이름을 붙여도 좋습니다. 이렇게 나눠 보면 각 시기마다 어떻게 살아야 하는지 알 수 있습니다. '30세까지는 전문역량을 갖추기 위해 열심히 공부해 전문자격을 갖추고, 60세까지는 직업생활에 충실하면서 최선의 역량을 발휘하고 60세 이후에는 사회에 봉사하면서 인생을 잘 마무리해야 되겠구나'와 같은 생각이 들고, 구체적인 실천 방법을 찾게 되는 것이죠.

마찬가지로, 재테크도 연령대별로 구간을 나눠서 생각할 수 있습니다. 20~30대는 '종잣돈 모으기', 40~50대는 '돈 불리기', 60대 이후는 '돈 지키기'처럼 말이죠. 각 연령대별 재테크 목표를 좀 더 구체화하면, 20~30대는 '결혼과 주택마련', 40~50대는 '자녀교육과 은퇴준비', 60

대 이후는 은퇴생활, 자산 유지 및 증여·상속이 됩니다. 막연하게 '돈을 많이 벌어서 풍족한 삶을 살아야지' 하는 꿈을 갖는 것보다는, 인생을 나누고, 목표를 나누고, 시간을 나누고 돈을 나누어 하나씩 달성해 가는 것이 좋습니다.

■ 2030 재테크

재테크의 첫 단계인 20~30대의 목표와 투자방법을 살펴볼까요? 만약 월 소득이 300만 원이라면, 다음의 표와 같이 목표를 나누고, 소득을 나누어 투자하는 것을 생각해 볼 수 있습니다. 20~30대의 목표는 '종잣돈 모으기'가 될 것이고, 하위 목표로 결혼자금, 주택자금, 노후대비, 위험보장 등을 생각할 수 있으며, 생활비나 비상자금도 생각해야 합니다. 노후대비는 연말정산 시 세금 혜택을 고려한 것이고, 위험보장은 혹시 질병이나 사고를 당하더라도 다른 저축과 투자를 보호하기 위한 최소한의 안전장치라고 생각하면 됩니다.

※ 2030 세대의 재테크 목표와 투자상품

목표	투자상품	금액	투자비중	투자 포인트
생활비	CMA	100	33.3	지출 줄이기
결혼자금/전세자금	정기적금	70	23.3	시기를 고려하여 안정성 확보
주택마련자금	주택청약종합저축	15	5.0	주택가입시기를 고려하여 최소한 준비
종잣돈 마련	적립식 펀드	50	16.7	수익률을 높이기 위해 활용

목표	투자상품	금액	투자비중	투자 포인트
노후대비	연금저축	34	11.3	연말정산 시 세액공제 활용
위험대비	보장성 보험	16	5.3	질병, 사고 등 최소한의 위험 보장 준비
비상자금	CMA	15	5.0	비상자금 준비, 급여계좌 활용
합계		300	100.0	

우선 생활비나 비상자금은 수시입출금이 가능하고 금리도 상대적으로 높은 CMA가 적합합니다. 생활비는 정해 놓고 그 한도 내에서 쓰고, 남은 돈은 비상자금통장으로 옮기는 것이 좋습니다. 비상자금은 보통 6개월 정도의 생활이 가능할 정도로 축적을 하고, 계획한 예비자금을 초과하는 금액은 저축이나 투자자금에 보태면 되겠습니다. 20~30대에는 여러 가지 이벤트가 많아 저축하기가 쉽지 않지만, 생활비와 비상금 통장을 잘 활용해 지출을 최소화함으로써 저축 여력을 늘리는 것이 관건입니다.

결혼자금이나 전세자금은 필요한 시기에 맞춰 마련하지 못하거나, 투자손실이 생기면 안 됩니다. 수익률보다는 안정성 중심으로 운용할 필요가 있습니다. 일반 시중은행보다 높은 금리를 제공하는 저축은행의 예·적금을 활용하는 것이 좋습니다. 주택마련자금은 주택청약종합저축에 가입해도 청약 우선순위가 되려면 상당한 기간이 필요하고, 당장 당첨이 되더라도 중도금 및 잔금 여력이 없으므로 굳이 목돈을 넣을 필요는 없어 보입니다. 길게 보고 청약자격 확보를 목적으로 월 15만 원 정도만 납입해도 좋겠습니다.

저금리 기조가 지속되는 상황에서 종잣돈 마련이 쉽지 않습니다. 하지만, 20~30대에는 다소 높은 위험을 감수하면서도 적극적으로 투자할 필요가 있습니다. 기대수익률이 높은 주식형 펀드 중 투자형 상품에 매월 적립식으로 투자하는 것이 좋은 방법인데, 위험을 분산시켜 포트폴리오를 잘 짜야 하겠습니다. 또, 연말정산을 할 때 12% 또는 15%에 달하는 세금혜택을 받을 수 있는 연금저축은 꼭 가입해야 하고, 만약의 경우에 대비해 실손보험과 건강·상해보험 하나쯤도 필수적으로 가입해야 합니다. 세금을 줄이고, 위험을 줄이는 것이 곧 돈을 버는 일이기 때문이죠.

■ 일단은 나누어 생각하자

제대로 볼 수 없는 과녁은 절대로 맞출 수가 없습니다. 목표는 크고 명확할수록 달성 가능성이 높아집니다. 그런데 목표만 있고 실천 전략이 없으면 의지만 있고 계획이 없는 것과 같습니다. 어떤 분야든 성공하는 사람들은 목표를 나눕니다. 목표들을 연, 월, 주, 일 단위까지, 심지어 시간 단위까지 세분화시켜 달성해 나갑니다. 수십만 개의 부품이 들어가는 거대한 항공모함도 기간을 나누고, 공정을 나누고, 사람을 나누어 결국은 만들어 내는 것을 생각해 보십시오. 아무리 크고 어려운 목표라도 잘게 나누어 보면 달성할 수 있는 가능성이 보입니다. 결국 목표 달성을 위한 첫걸음은 나누기입니다.

39
소득을 나누어
습관을 기르자

행복한 부자로 가는 나누기(÷) 습관 두 번째는 '소득을 나누자'입니다. 직장인에게 소득은 월급입니다. 우리나라 직장인들은 월급을 얼마나 받을까요? 통계청에서 발표한 '2019년 임금근로일자리 소득 결과'에 따르면, 2019년 임금근로자의 평균 소득은 세전 기준 309만 원, 중위소득은 234만 원이었습니다. 결코 많다고 할 수 없는 금액입니다.

※ 임금근로자 소득(출처: 통계청)

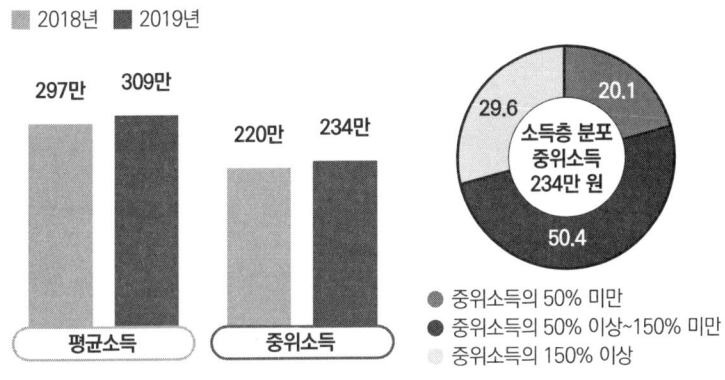

■ 얼마 되지 않는 대졸 신입사원 연봉

취업포털 잡코리아에서 267개의 대기업과 520개의 중소기업, 총 787개를 대상으로 조사한 결과에 따르면, 올해 대기업에 입사한 4년제 대졸 신입사원 평균연봉은 4,121만 원입니다. 대부분의 대기업에서 올해 신입사원 연봉을 동결해, 작년에 비해 0.1%p밖에 오르지 않았습니다. 작년 물가상승률 0.5%에도 못 미치는 인상률입니다.

※ 대졸 신입사원 연봉(출처: 잡코리아)

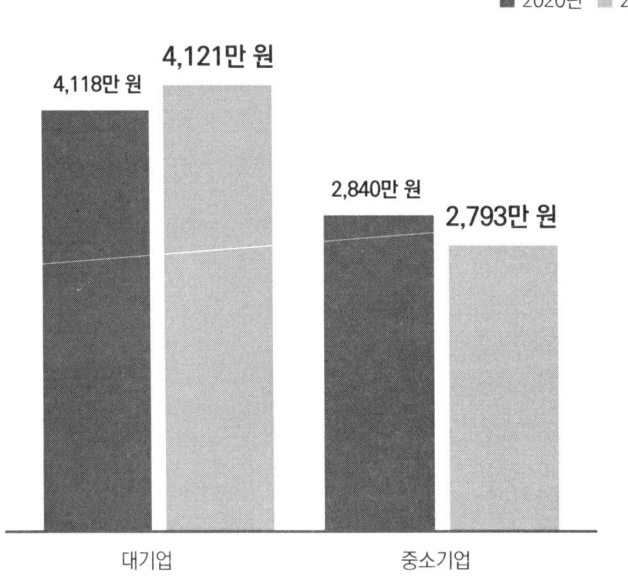

반면, 중소기업 대졸 신입사원의 평균 연봉은 작년보다 1.6%p 감소한 2,793만 원으로, 대기업 신입사원에 비해 1,328만 원 차이가 났습니다.

즉 대기업 신입사원에 비해 한 달에 110만 원이나 적습니다. 작년에는 그 차이가 1,278만 원이었는데 격차가 더 벌어졌습니다. 이는 코로나 여파로 경제가 침체되면서, 중소기업들이 더 많은 피해를 더 많이 받고 있다는 증거이기도 합니다.

대기업 신입사원은 월평균 343만 원, 중소기업 신입사원은 월평균 232만 원을 받는 셈인데, 4대보험과 소득세를 떼면 한 달 실수령액은 각각 299만 원과 209만여 원에 지나지 않습니다. 이 돈을 모아 결혼도 하고 집도 사고 아이들도 키워야 한다는 것을 생각하면, 돈을 함부로 써서는 안 된다는 것을 알 수 있습니다.

직장인의 경우 소득은 적고, 크게 오르는 법도 없습니다. 직장을 다니면서 주말 아르바이트나 부업을 통해 소득을 높일 수도 있지만, 특별한 경우 아니면 그렇게 하기 힘듭니다. 회사 일도 잘 모르면서, 다른 일을 하기는 어렵습니다. 본업에 충실해 근무평점을 잘 받고, 틈나는 대로 자기계발에 힘써야 합니다. 다른 소득을 늘리기에 앞서, 본인 소득을 잘 관리하는 것이 낫습니다. 그럼 소득은 어떻게 관리하는 것이 좋을까요?

■ 선저축 후지출을 위한 통장 쪼개기

'오늘 먹을 것을 내일 먹고, 내일 할 일을 오늘 하면 부자'가 됩니다. '수입 - 저축 = 지출'이라는 부자의 공식을 잘 활용하기 위한 방법 중 하나가 통장을 쪼개는 것입니다. 쓸 것 다 쓰고 저축하는 사람은 없습니다. 저축부터 하고 돈을 써야 돈이 모입니다. 통장 쪼개기는 돈을 모으고자 하는 사람이면 누구나 구축해야 할 효과적인 시스템입니다.

※ 통장 쪼개기

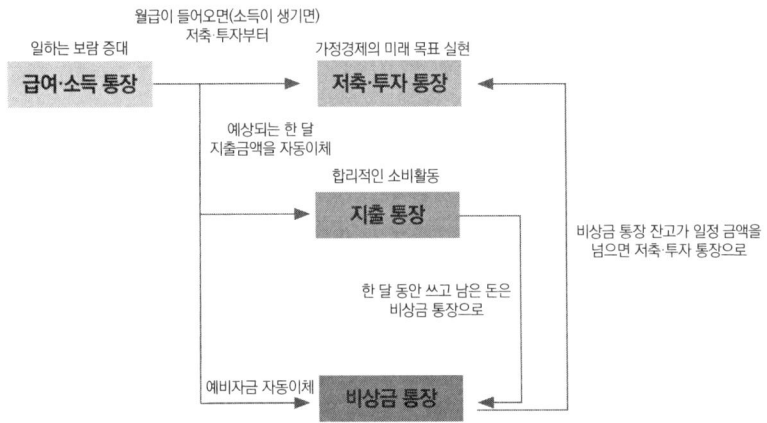

통장 쪼개기는 통장을 나누고 각각에 임무를 부여하는 것인데, 먼저, 급여·소득 통장은 매달 월급이나 소득이 들어오는 통장으로 통장 쪼개기의 기초가 되는 통장입니다. 이 통장은 다른 통장으로 돈을 이체하는 역할을 합니다. 회사 내에서 경영목표와 자금 집행계획을 세워 각 부서로 배분하는 경영관리팀 같은 역할을 하는 것이죠.

두 번째로 저축·투자 통장은 해외여행, 자동차 구입 같은 작은 목표부터 결혼, 내집마련, 자녀교육, 노후준비 등 큰 목표에 이르기까지 다양한 목표실현을 위한 통장입니다. 이 통장은 회사 내 영업조직 같은 곳에게 돈을 보내, 돈이 돈을 벌게 만드는 데 목적이 있습니다. 큰 회사에는 돈을 버는 조직이 여럿 있듯이, 이 통장 안에는 목표의 개수만큼 작은 저축·투자 통장이 여러 개일 수 있습니다. 소득이 생기면 가장 먼저 이 통장으로 보내는 것이 돈을 모으고 부자가 되는 지름길입니다.

세 번째로 지출통장은 세금이나 전기, 수도, 가스요금과 같은 각종 공과금, 아파트 관리비와 같은 고정지출과 매월 지출액이 달라지는 생활비 같은 변동지출을 위한 통장입니다. 회사 내 각 부서가 주어진 예산의 한도 내에서 살기 위해 최선을 다하듯이, 가정경제도 분수에 맞는 소비생활이 필수입니다. 이 통장은 지출을 관리하는 것뿐 아니라 미리 정해 둔 예산의 한도 내에서 소비하는 습관을 기르기 위해서도 필요합니다. 매달 일정액을 급여통장에서 이 통장으로 이체 후 그 한도 내에서 살기 위해 노력해야 합니다.

네 번째로 비상금 통장은 자동차보험이나 재산세 같은 비정기적인 지출이나 질병, 상해, 실직과 같은 예상치 못한 사건에 대비하기 위한 통장입니다. 갑자기 목돈이 필요한데 준비를 못 하면 저축·투자 통장을 깨거나 생활비를 줄여야 하는 상황이 생길 수 있습니다. 회사가 어려울 때를 대비해 사내 유보자금이나 예비비를 쌓아 놓는 것처럼 가정경제가 어려울 때 방파제 역할을 하는 통장이 이 통장입니다.

이 네 가지 통장이 하는 일을 정리해 볼까요? 일단 월급 통장에 소득이 들어오면 우선 저축·투자 통장으로 보내 일꾼을 사서 돈이 돈을 벌어 올

수 있도록 일을 시킵니다. 여기서 일꾼 한 명 한 명은 내집마련, 자녀교육, 노후준비 같은 목표와 같습니다. 그리고 소득의 일정액은 생활비 통장으로 보내 그 한도 내에서 분수에 맞게 먹고, 입고, 살아갑니다. 또, 소득의 일정액은 비상금 통장으로 보내 어려울 때 나와 가정을 지킬 수비수를 구합니다.

 이렇게 통장을 쪼개고 돈을 모을 수 있는 시스템을 구축한 뒤에는 어떻게 할까요? 생활비 중 쓰고 절약한 돈은 비상금 통장으로 보내 수비수를 더 삽니다. 필요한 수비수는 가정경제의 상황에 맞게 3개월, 6개월 또는 1년치 소득으로 살 수 있을 만큼 있으면 됩니다. 그런데 수비수가 점점 늘어 적정규모 이상으로 많아졌다고 생각되면, 남는 수비수는 저축·투자 통장으로 보내 돈을 벌어 오는 일꾼으로 활용하면 됩니다.

 이와 같은 일을 일생 동안 계속 반복해도 잘살 수 있을지 알 수 없는 것이 인생입니다. 하지만 이마저도 하지 않는다면 돈을 모으고 부자가 되기 어렵거나, 그렇게 되기까지 더 많은 시간이 걸릴 것은 확실합니다. 사회초년생 때부터 통장을 나누어 잘 관리하면 평생의 힘이 될 돈을 모으는 습관을 기를 수 있고, 저축을 늘리고, 지출을 줄이고, 위험을 관리하는 일석삼조의 효과를 얻을 수 있습니다.

40
시간을 나누어 배움에 투자하자

행복한 부자로 가는 나누기(÷) 습관 세 번째는 '시간을 나누자'입니다. 평생 시계만 만들던 어느 노인이 은퇴를 앞두고 정성을 다해 초침만 있는 시계를 하나 만들었습니다. 그것을 자식에게 물려주며 말했습니다. "초침이야말로 황금의 길이다. 1초, 1초가 세상을 변화시킨단다." 부자들은 시간의 소중함을 잘 알고 있습니다.

돈은 빌려서도 사용할 수 있지만, 시간은 앞당겨 사용할 수 없습니다. 돈은 저축할 수 있지만, 시간은 저축을 할 수 없습니다. 돈은 사용하지 않으면 남아서 이자까지 붙지만, 시간은 사용하지 않으면 원금까지 사라져 버립니다. 시간은 보이지 않지만 소중한 자원입니다. 부자들은 돈보다 시간이 더 중요하다는 것을 알고 있습니다.

부자들은 시간을 잘 사용합니다. 5분 일찍 일어나면 하루를 계획할 수 있고, 5분 먼저 도착하면 능동적인 관계를 맺을 수 있으며, 5분만 화를 참으면 갈등을 없앨 수 있고, 5분만 하루를 돌아보면 생산적인 내일을 만들 수 있으며, 하루 5분만 좋은 글을 읽으면 삶이 풍요로워지고, 5분의 시간만 더 주어지면 경기의 승패가 바뀌고, 수천만 건의 거래가 이루어진다는 것을 잘 알기 때문입니다.

■ 부자는 배우는 사람

경영의 신(神)으로 불리는 마쓰시다 고노스케는 자신의 성공 비결을 묻는 질문에 "저는 가난한 집안에 태어난 덕분에 갖가지 일을 하며 세상살이에 필요한 경험을 쌓았고, 몸이 허약했던 덕분에 운동을 시작해 건강해질 수 있었으며, 전등을 켜는 것을 아끼려고 한 덕분에 쌍소켓을 개발할 수 있었고, 학교를 제대로 마치지 못한 덕분에 만나는 모든 사람으로부터 열심히 듣고 배웠으며, 더 좋은 제품을 만들라는 많은 사람들의 질책 덕분에 작은 것이라도 이룰 수 있었습니다"라고 말했습니다.

마쓰시다가 부자가 된 과정을 한눈에 알 수 있는 말입니다. 부자는 타고나는 것이 아니라 만들어지는 것이고, 부자는 절약하는 사람이며, 부자는 끊임없이 배우는 사람이라는 것을 알 수 있습니다. 무엇보다 중요한 것은, 가난하고, 건강하지 못하고, 배우지 못한 것을 '때문에'라는 핑계로 삼지 않고, '덕분에'라는 긍정적인 의미로 받아들였으며, 모든 일을 배움의 기회로 삼았다는 것입니다.

■ 전문가의 유혹에 빠지지 마라

청담동 주식부자로 이름을 날렸던 사람이 있었습니다. "나이트클럽 웨이터와 막노동을 전전하던 '흙수저'였지만, 주식투자로 수천억대 자산가가 됐다"라고 주장하면서 '증권가의 스타'로 떠올랐던 인물입니다. 그는 유사 투자자문사를 설립해 유료 회원 수천 명을 상대로 비상장 주식을 사라고 권유했습니다. 그가 추천한 주식이 상장만 되면 100배, 1,000배 수익을 낼 수 있고, 가격이 내려가더라도 2배로 환불해 준다며 투자자들을 끌어모았지만, 그가 추천한 주식은 대부분 반토막이 났습니다.

그는 대주주와 결탁해 대주주가 갖고 있던 지분을 투자자들에게 시세보다 50~100% 비싸게 팔았고, 자신이 미리 사 둔 장외 주식 일부에 대형 악재(惡材)가 있는 것을 숨기고 비싸게 팔아 부당이익을 챙겼습니다. 그 돈으로 청담동 200평대 고급 빌라와 30여억 원에 달하는 부가티, 롤스로이스, 람보르기니 같은 슈퍼카를 사들인 후 사진을 찍어 SNS에 올리며 자랑질을 했지만 결국 검찰에 구속되었습니다.

■ 운보다 중요한 것은 투자자의 판단력

1973년 프린스턴 대학의 버튼 G. 맬킬 교수는 "주식시장이 매우 효율적이기 때문에, 원숭이가 포트폴리오를 구성해도 펀드매니저와 비슷한 실적을 낸다"라고 주장했습니다. 이를 증명하기 위한 실험이 있었습니다. 2000년 7월부터 2001년 5월까지 원숭이와 투자 전문가들이 벌인 투자 대결에서 원숭이가 이겨 맬킬 교수의 주장을 뒷받침했습니다.

주식종목이 빼곡하게 적힌 경제 신문지에 원숭이가 다트를 던져 선택된 종목들과 펀드매니저들이 주의 깊게 고른 종목들 간의 수익률을 비교했더니 원숭이가 고른 종목들의 수익률이 높았습니다. 국내에서 벌어진 앵무새와 개인투자자들의 대결에서 앵무새의 수익률은 13.7%, 개인투자자 10명의 평균 수익률은 -4.6%였습니다. 주식시장은 정말 효율적이라서, 투자 전문가라고 하는 사람들이 원숭이나 새보다 못한 것일까요?

1988년에서 2002년까지 142회에 걸쳐 다시 테스트를 실시했습니다. 6개월 단위로 실시된 실험에서는 대부분 원숭이가 이겼지만, 장기간의 투자 대결에서는 펀드매니저가 평균 10.2%의 수익률을 올린 반면, 다트를 이용해 무작위로 고른 원숭이의 수익률은 3.5%를 기록했습니다. 단기간의 투자에서 수익률에 가장 큰 영향을 미치는 요소는 '운'이지만, 장기투자에 있어서는 투자자의 판단이 수익률에 미치는 영향이 커진다는 것입니다.

■ 부자가 되고 싶으면 스스로 배우자

미국의 '로날드 리드'라는 92세 독거노인이 죽은 뒤 90억 원의 가치의 재산을 남겼습니다. 그는 주유소와 백화점에서 청소원으로 일했던 평범한 사람이었습니다. 그가 90억 원의 재산을 가진 부자였다는 것과 주식 투자로 그 돈을 모았다는 사실에 많은 사람들이 놀랐습니다. 그는 어떻게 그렇게 많은 돈을 모았을까요?

그는 매우 검소한 생활을 했고, 중고차를 타고 다녔습니다. 그러면서도 거액을 동네 병원과 도서관에 기부했습니다. 그는 한평생 열심히 일하며 조금씩 주식에 투자했고, 단기 매매를 하지 않았습니다. 그가 남긴 주식들은 모두 아주 오래된 것들로, 얼마나 오래 장기투자를 했는지 알 수 있었습니다.

그가 투자한 종목들은 AT&T, 뱅크오브아메리카, GE 등 배당 수익률이 높은 우량 주식들이었습니다. 어떻게 그런 종목을 고를 수 있었을까요? 그는 대학 문턱에도 가 보지 못했지만, 틈틈이 동네 도서관을 찾아가 책을 보면서 독학으로 주식투자를 공부했습니다. 그리고 하루도 빠짐없이 월스트리트 저널을 읽었습니다.

투자의 세계에서는 단기적으로 높은 성과를 올려 마이더스의 손으로 추앙받던 사람도 순식간에 마이너스의 손으로 바뀔 수 있습니다. 부자들은 자신의 능력을 과신하지 않습니다. 부자들은 세상과 경제와 돈에 대한 정보를 얻기 위해 끊임없이 노력합니다. 그리고 틈나는 대로 전문가들을 만나 의견을 듣습니다. 배우고 듣는 일 자체가 수익을 늘리는 일이라는 것을 잘 알기 때문입니다. 부자가 되고 싶으면 열심히 배워야 하겠습니다.

41
마음을 나누어
스스로 돕는 자가 되자

행복한 부자로 가는 나누기(÷) 습관 네 번째는 '마음을 나누자'입니다. 우리 몸의 70~80%는 물로 구성되어 있고, 물은 끊임없이 순환한다는 관점에서 생각해 보면, 우주의 어느 것도 인연으로 엮이지 않은 것이 없습니다. 동시대를 살고 있는 사람들은 물론 과거에 살다 간 세대와 미래에 올 세대도 다 연결되어 있습니다. 따라서 행복한 부자들은 남을 돌보는 것이 곧 나를 돌보는 길이라는 것을 알고 나눔을 실천합니다.

■ 돈의 권능과 한계

어느 시대든 돈은 행복을 재는 잣대이자, 행복 그 자체입니다. 셰익스피어(1564~1616)는 "돈은 검은 것을 희게, 추한 것을 아름답게, 늙은 것을 젊게 만들고 심지어 문둥병도 사랑스러워 보이도록 만들며, 늙은 과부에게도 젊은 청혼자들이 오게 만든다"라고 했습니다.

방랑시인 김삿갓(1807~1863)은 〈돈(錢)〉이라는 시(詩)를 통해 "온갖 천하를 두루 돌아다녀도 모두가 환영하네(周遊天下皆歡迎) 나라를 일으키고 집안을 흥하게 하니 그 힘이 어찌 가볍다 할까(興國興家勢不輕) 갔다가 다시 오고 왔다가 다시 가며(去復還來來復去) 살 사람을 죽이고 죽을 사람을 살리기도 하네(生能捨死死能生)"라고 말했습니다.

역사상 어떤 영험한 신(神)이나 사제도 그런 능력을 보여 주지 못했으니, 돈은 이미 신과 종교의 권능을 넘어선 것처럼 보이기도 합니다. 영국에는 '신은 사람을 창조하고, 사람은 옷을 만들지만, 모든 것을 완성하는 것은 돈이다'라는 속담도 있습니다. '돈은 세상의 전부'라는 말이 맞는 듯싶습니다. 세상의 모든 일이 돈과 연결되어 있습니다.

돈은 피를 나눈 가족 사이에서도 권세를 누립니다. "돈이 가족의 가치를 대신한다. 가족을 결속시켜 주는 것은 돈뿐이다. 부모가 생명을 부여해 주었지만, 생명을 보호해 주는 것은 돈뿐이다"라고 말한 사람도 있습니다. '부모의 소득이 1% 높아지면 부모와 자녀가 일주일에 한 번 이상 대면할 가능성이 2.07배나 높아진다'는 연구 결과도 있습니다.

이 모든 것이 사람들을 돈에 환장하게 만듭니다. 대중들의 도덕성을 묻는 설문조사를 통해 제임스 패터슨과 피터 킴이 쓴 《미국이 진실을 말하던 날》에 의하면, 1천만 달러(100억)를 준다면 가족도 버릴 수 있다고 한 사람들이 25%, 연인이나 배우자를 떠날 수 있다고 한 사람들이 16%, 사람도 죽일 수 있다고 대답한 사람들이 7%나 되었다고 합니다. 미국 사람들의 내면에 감춰진 돈에 대한 욕망이 어떤지 적나라하게 보여 준 것이죠.

그러나 돈이 할 수 없는 일도 많습니다. "집은 살 수 있지만 가정은 살 수 없고, 시계는 살 수 있지만 시간은 살 수 없으며, 침대는 살 수 있지만 쾌적한 수면은 살 수 없고, 책은 살 수 있지만 지식은 살 수 없다. 명의는 살 수 있지만 건강은 살 수 없고, 지위는 살 수 있지만 존경은 살 수 없으며, 피는 살 수 있지만 생명은 살 수 없고, 섹스는 살 수 있지만 사랑은 살 수 없다." 마담 호의《부의 시크릿》에 나오는 말입니다.

■ 존경받는 부자들

역사상 많은 부자들이 있었고, 현존하는 부자들도 많습니다. 그중에 오늘날까지 이름이 남아 있거나 존경받는 사람들은 돈의 한계를 알고 나눔을 실천한 사람들입니다. 사마천은 31명의 부자들을 다룬《화식열전》에서 "1년을 살려거든 곡식을 심고, 10년을 살려거든 나무를 심고, 100년을 살려거든 덕을 베풀어야 한다"라고 말했습니다.

진정한 기쁨은 남을 돕고 혼자서 조용히 느끼는 희열입니다. 정약용 선생은 "재물을 간직하는 것은 베푸는 것만 못하다. 도둑에게 빼앗길 것을 염려하지 않아도 되고, 불에 탈까 근심하지 않아도 된다. 소나 말에게 실어 옮기는 수고도 없다. 그런데도 죽은 뒤에까지 꽃다운 이름을 지닐 수 있으니 천하에 이처럼 큰 이익이 어디 있는가"라고 말했습니다.

12살 때 고아가 된 김만덕은 객주(客主)를 차려 제주 특산물들을 육지의 옷감, 장신구, 화장품 등과 교환함으로써 많은 돈을 벌었습니다. 그러나 자신이 편안하게 사는 것은 하늘의 은덕이라고 생각하고 검소한 삶을 살았습니다. 1793년 제주도에 심각한 흉년이 들어 백성들이 다 굶어 죽게 생기자, 전 재산을 풀어 죽어 가던 제주도 민중들을 구원했고, 노블레스 오블리주를 실천한 의녀(義女)로 지금까지 칭송받고 있습니다.

면세점 그룹 DFS(Duty Free Shoppers)를 창립한 척 피니는 노후 생활자금만 남겨 놓고 전 재산인 80억 달러(약 9조 원)를 기부한 후 "빈털터리가 됐지만 더할 나위 없이 행복하다"라고 말했습니다. 이에 영감을 받은 빌 게이츠는 10억 달러 이상의 자산가가 재산의 절반 이상을 기부하기로 약속해야 회원이 될 수 있는 기부 클럽 '기빙 플레지(The Giving Pledge)'를 만들었고, 워런 버핏, 마크 저커버그, 오프라 윈프리, 테드 터너 등 많은 부자들이 이 클럽에 가입하여 나눔을 실천하고 있습니다.

■ 미국의 기부 문화

미국에서는 수많은 부자들이 기부행렬에 동참하고 있습니다. 승자독식의 시스템이 작동되고 있는 미국 사회에서는 빈부격차가 매우 크지만,

'가진 자'에 대한 반감은 그리 크지 않습니다. 열심히 땀 흘려 번 돈을 기부함으로써 소외계층을 돌보는 전통이 있고, 그 과정에서 새로운 부(富)가 창출되고 사회에 대한 믿음이 강화되기 때문입니다.

미국에서는 돈이 아무리 많아도 기부를 하지 않으면 상류 사회나 엘리트 모임에 낄 수 없다고 하며, 일반 시민들 사이에도 그런 분위기는 마찬가지라고 합니다. 그런데 기부나 나눔은 가진 자들만 할 수 있는 것일까요? 꼭 부자가 된 이후라야 가능한 일일까요? 꼭 그렇지는 않습니다. 그리고 그 대상은 재산에만 한정되는 것도 아닌 것 같습니다.

■ 돈 없이도 가능한 7가지 보시

불가에서는 주는 것을 '보시(布施)'라고 하는데, 보시는 '베푸는 것이 아니라 나누는 것'입니다. 죽을 때 입는 수의에는 주머니가 없듯이, 근본적으로 이 세상에 자기 것은 있을 수 없기 때문에, 한때 자신이 맡아 가지고 있던 것을 이웃과 나누는 것을 보시라고 한다는 말이죠. 베풂에는 수직적인 높낮이가 생기지만, 나눔은 수평적인 유대를 이룹니다.

어떤 사람이 부처님을 찾아가, "부처님! 저는 하는 일마다 제대로 되는 것이 없으니 무슨 까닭입니까?"라고 물었습니다. 그러자 부처님은 "그것은 당신이 남에게 베풀지 않았기 때문이다"라고 말했습니다. 그 사람이 "저는 아무것도 가진 게 없는 빈털터리인데, 제가 무엇을 베푼다는 말입니까?"라고 반문을 하자, 부처님은 "비록 재물이 없더라도 7가지는 누구나 나눌 수 있다"라고 하면서 '7가지 보시'를 실천하라고 했습니다.

화안시(和顔施)는 밝은 얼굴로 하는 보시입니다. 찡그리지 않으면 행복해집니다. 언시(言施)는 따뜻한 말입니다. 말 한마디로 천 냥 빚을 갚듯, 칭찬은 말로 하는 꽃다발입니다. 심시(心施)는 따뜻한 마음입니다. 인간의 DNA는 남들을 가엽게 여기는 측은지심(惻隱之心)으로 구성되어 있습니다. 신시(身施)는 몸을 써서 남을 도와주는 것입니다. 봉사활동을 하면 내가 내놓은 것보다 더 큰 것을 얻을 수 있습니다. 안시(眼施)는 온화한 눈빛으로 대하는 것입니다. 눈빛만 보아도 그 사람의 마음 상태가 보입니다. 좌시(座施)는 타인을 배려하고, 양보하는 것입니다. 공중도덕만 잘 지켜도 세상이 행복해집니다. 찰시(察施)는 굳이 요구하지 않아도 미리 다른 사람의 사정이나 형편을 잘 헤아려서 도와주는 것입니다. 이런 7가지를 돈 없이 할 수 있는 보시, '무재칠시(無財七施)'라고 합니다.

■ 남을 돕는 것은 스스로를 돕는 것

이런 보시의 습관은 돈이 들지 않기 때문에 꼭 부자가 아니더라도 실천할 수 있습니다. '부자가 된 이후에 큰 나눔을 실천해야지'라고 생각하면 늦습니다. 나눔도 습관입니다. 부자가 되기 전에 이런 습관이 형성되지 않으면, 부자가 되어서도 실천하기 어렵습니다. 나눔을 생각하기만 해도 마음이 착해지고, 신체 내에 면역물질이 생깁니다. '테레사 효과'입니다. 남을 돕는 것은 결국 나를 돕는 것입니다. 돈을 모으고, 쓰고, 불리는 과정 속에서 작은 나눔을 실천해 보십시오. 나눌 때마다 두 배, 세 배가 되는 것은 오직 '나눔'뿐입니다.

참고문헌

■ 단행본

게오르그 짐멜(2013), 《돈의 철학》, 길
기형도(2019), 《길 위에서 중얼거리다》, 문학과지성사
김광주(2014), 《당신의 가난을 경영하라》, ㈜원앤원컨텐츠그룹
김영수(2010), 《사마천, 인간의 길을 묻다》, 왕의서재
김훈(2015), 《라면을 끓이며》, 문학동네
다카하라 게이치로(2007), 《계속하는 힘》, 이아소
루이스 캐럴(2015), 《거울 나라의 앨리스》, 인디고(글담)
마쓰시다 고노스케(2000), 《좌절을 성공의 기회로 바꾼 인간경영》, 예림미디어
말콤 글레드웰(2009), 《아웃라이어》, 김영사
문정희(2010), 《다산의 처녀》, 민음사
법정 스님(2020), 《스스로 행복하라》, 샘터
삼성생명(2010), 《미래를 내다보는 바람직한 금융투자》, 새로운제안
요코야마 미츠아키((2010), 《저축생활 교과서》, 랜덤하우스
워런 버핏, 리처드 코너스(2017), 《워런 버핏 바이블》, 에프엔미디어
임석민(2010), 《돈의 철학》, 나남
장홍탁(2012), 《서른에는 꼭 만나야 할 저축생활 가이드》, 좋은날들

전성수, 양동일(2014), 《유대인 하브루타 경제교육》, 매일경제신문사
전영수(2012), 《카페라테 효과》, 다온북스
정우식(2014), 《재무심리에 답이 있다》, 트러스트북스
차영호(2008), 《부자력》, 케이앤피북스
찰스 두히그(2012), 《습관의 힘》, 갤리온
천위루, 양천(2014), 《금융으로 본 세계사》, 시그마북스
최윤식(2020), 《빅체인지 코로나 19 이후 미래 시나리오》, 김영사
티티새(2021), 《티티새의 1년 1억 짠테크》, 스마트북스
피터 콜리어, 데이빗 호로위츠(2004), 《록펠러가의 사람들》, 씨앗을뿌리는사람
하라다 다카시, 시바야마 겐타로(2020), 《쓰면 반드시 이뤄지는 기적의 만다라트》, 책비

■ 참고자료

건강보험심사평가원(2020), 〈2019 건강보험 통계연보〉
결혼정보업체 듀오(2020), 〈결혼비용 실태 보고서〉
기획재정부(2022), 〈2022년 경제정책방향〉
여성가족부(2020), 〈2019 통계로 보는 여성의 삶〉
취업포털 잡코리아(2010), 〈직장인 노후계획 설문조사〉
통계청(2019), 〈2016년 국민이전계정〉
통계청(2019), 〈2018년 사망원인 통계〉

통계청(2020), 〈2019년 신혼부부 통계〉
통계청(2021), 〈2020 생명표〉
통계청(2021), 〈2021년 4/4분기 가계동향 조사결과〉
한국보건사회연구원(2019), 〈전국 출산력 및 가족보건복지실태조사〉
KB금융지주(2020), 〈한국 부자보고서〉
NH투자증권 100세 시대 연구소, 〈2016년 대한민국 중산층 보고서〉

■ 신문기사

시사저널(1990.7.15), '알뜰함이 부자 지름길'
프리미엄조선(2015.10.29), '73세 저축왕 10원의 기적'